TIMOTHY J. & GERTRUD A. GEDDERT

Das sogenannte Alte Testament

S. Keomeni 2013

Timothy J. Geddert
Gertrud A. Geddert

Das sogenannte Alte Testament

Warum wir nicht darauf verzichten können

Neufeld Verlag

bibellesebund
mit der Bibel leben

Die Deutsche Bibliothek verzeichnet diese Publikation in der Deutschen Nationalbibliografie; detaillierte bibliografische Daten sind im Internet über www.ddb.de abrufbar

Bibelzitate, soweit nicht anders angegeben, wurden der *Gute Nachricht Bibel* (Revidierte Fassung der »Bibel in heutigem Deutsch«, durchgesehene Ausgabe in neuer Rechtschreibung) entnommen.

Satz: David Neufeld, Schwarzenfeld
Herstellung: Fuldaer Verlagsanstalt GmbH & Co. KG, Fulda

ISBN 978-3-937896-74-8, Bestell-Nummer 588 674
Umschlaggestaltung: spoon design, Olaf Johannson
Umschlagfoto: © ShutterStock®

In Kooperation mit dem Bibellesebund e. V., Marienheide
ISBN 978-3-87982-285-0, Bestell-Nummer 3086
Umschlaggestaltung: Georg Design, Münster
Umschlagfoto: Fotolia/Jaume Felipe und Frédéric Daniau

www.neufeld-verlag.de
www.bibellesebund.de

NEUFELD VERLAG

bibellesebund
mit der Bibel leben

Inhalt

Einführung

Manche Bücher liest man am besten von vorne nach hinten, manche von hinten nach vorne, und manche so *und* so. Wir beide schmunzeln, während wir das schreiben, weil wir schon oft darüber diskutierten, ob ein Buch von hinten nach vorne gelesen werden kann. Gertrud beginnt fast immer mit der letzten Seite! Tim dagegen beginnt beim Lesen stets von vorne ...

Tim findet, man mogelt, wenn man mit der letzten Seite beginnt: Wenn ich einer Autorin oder einem Autor nicht ermögliche, mich in ihrem Buch mitzunehmen, wie sie dies möchten, tue ich ihnen doch Unrecht. Der ganze Effekt ist hin, wenn ich zu früh weiß, wie ein Buch endet. Außerdem geht die Spannung verloren, wenn ich den Schluss schon vorher kenne. Und ohne Spannung ist ein Buch nur halb so interessant!

Gertrud steht auf dem Standpunkt, dass sie einem Autor überhaupt nichts schuldig ist: Das Buch gehört mir und ich kann schließlich damit tun, was ich will. Also bestimme ich selbst mein Leseerlebnis und lese, wie ich eben will – vorwärts, rückwärts, diagonal: mein Buch, meine Regeln. Außerdem finde ich, dass zu viel Spannung dem Lesegenuss im Weg stehen kann. Bis jetzt haben wir uns gegenseitig noch nicht von unseren Ansichten überzeugt ...

Die Bibel ist jedoch kein gewöhnliches Buch. Wir sind beide der Meinung, dass manches in der Bibel erst dann sinnvoll verstanden werden kann, wenn wir den Schluss der Geschichte kennen. Vielleicht sollten wir die Bibel am besten von vorne nach hinten *und* von hinten nach vorne lesen, abwechselnd und immer wieder.

Die Bibel – Geschichte als Erzählung

Jetzt haben wir unsere Karten bereits offengelegt: Wir denken, dass die Bibel in erster Linie eine Geschichte, eine Erzählung ist. Falls sie vor allem ein Buch mit *Lehraussagen* wäre, dann würde es auch keine große Rolle spielen, wo wir mit dem Lesen beginnen. Dann könnten wir die passenden Stellen zu einem bestimmten Thema einfach nachschlagen. Wäre die Bibel vor allem ein *Geschichtsbuch* oder ein Nachschlagewerk über Geschehnisse der Welt- oder Heilsgeschichte, könnten wir ausschließlich die Stellen suchen, die das erläutern, was uns gerade interessiert. Falls die Bibel ein *Gesetzbuch* wäre, müssten wir jeweils nur die gerade relevanten Gebote und Verbote heraussuchen. Die Bibel ist jedoch in erster Linie eine *Erzählung,* eine spannende Geschichte über Gott und die Welt, über die Menschheit und ihre Abenteuer, über die Zeit und das, was in Zukunft geschehen wird.

Natürlich enthält die Bibel viele *historische Bezüge* zur Weltgeschichte, vor allem zur Geschichte eines Volkes im Nahen Osten und die Beziehungen dieses Volkes zu seinem Gott und zu seinen Nachbarvölkern. Wo solche Bezüge hergestellt werden, da fungiert die Bibel tatsächlich als zuverlässige Quelle für historische Informationen. Wir finden hier keine Märchen. Aber geschichtliche Bezüge werden in eine *Erzählung* eingebettet. Einige der alttestamentlichen Bücher nennen wir »Geschichtsbücher« (zum Beispiel Josua, Richter, Rut, die Bücher Samuel, Könige, Chronik usw.). Die Bezeichnung »Geschichtsbücher« ist jedoch unsere Erfindung. Zur Zeit der Bibel hießen manche dieser Bücher »Prophetie« und andere »[literarische] Schriften«. Und diese Bücher, genauso wie alle anderen, sind Teil einer umfangreichen Erzählung.

Natürlich enthält die Bibel tiefe *theologische Gedanken.* Doch auch diese Theologie ist Teil einer Erzählung. Natürlich enthält die Bibel *Gebote und Verbote,* und zwar sowohl im Alten als auch im

Neuen Testament. In einer Erzählung mit Höhe- und Tiefpunkten, mit Charakteren, Rückblicken und Vorahnungen spielen diese jedoch immer eine untergeordnete Rolle. Die Bibel erzählt, berichtet und prophezeit die Geschichte Gottes mit den Menschen, mehr noch: mit dem ganzen Universum.

Wenn wir die Bibel nicht von vorne nach hinten lesen, dann verstehen wir nicht, wo wir uns in dieser Geschichte befinden. Wenn wir die Bibel jedoch nicht auch von hinten nach vorne lesen, ist die Spannung zu groß: Wie wird die Geschichte ausgehen? Wird Gott tatsächlich seine guten Pläne verwirklichen oder können sie von anderen durchkreuzt werden?

Die Bibel beschreibt in einer spannenden Erzählung den Weg, den Gott mit uns geht, und führt uns das Ziel vor Augen, wohin dieser Weg führt. Wir *lesen* diese Geschichte nicht nur; wir *sind* auch Teil dieser Geschichte. Wir selbst sind Charaktere, die die Handlung mit beeinflussen. Gott, der Dirigent, lässt uns viel Freiraum, die Weltgeschichte mitzubestimmen. Und dann greift er tatsächlich manchmal ein, um Kurskorrekturen vorzunehmen. Und Gott ist stets dabei, uns den Weg zu zeigen, uns zu ermutigen und uns neue Visionen zu schenken, damit wir den richtigen Weg erkennen und wählen können.

Unser Ziel

Mit diesem Buch möchten wir unter anderem zeigen, warum wir von Folgendem überzeugt sind: Die Bibel ist vom Anfang bis zum Ende (und umgekehrt) lesenswert, faszinierend und unentbehrlich wichtig. Denn ohne die Bibel wüssten wir fast nichts über den wahren Gott, wenig Zuverlässiges über den Sinn des Lebens und nur allzu wenig darüber, wie wir mit unseren Mitmenschen umgehen sollen – sowohl mit denen, die gemeinsam mit uns den Weg mit Jesus gehen, als auch mit den Menschen, die andere Wege gehen.

Dies alles gilt genauso für das Alte wie für das Neue Testament. Manchmal wird behauptet, dass wir jetzt in der Zeit des Neuen Testaments lebten und nur dieser Teil der Bibel uns gelten würde. Außerdem sei das Alte Testament nur für Juden und nicht für Nichtjuden bestimmt. Das Alte Testament würde hauptsächlich

Gesetze enthalten und wir würden in der Zeit der Gnade leben. Das Alte Testament würde nur auf Jesus vorbereiten, aber wir würden ihm jetzt nachfolgen. Warum also sollten wir Christen das Alte Testament überhaupt noch beachten?

Schon der Name »Altes« Testament scheint anzudeuten, es sei weniger wichtig – veraltet, nicht mehr relevant, nicht »unser« Testament. Ich, Tim, bin von Beruf Neutestamentler. Aber je mehr ich versuche, das Neue Testament zu verstehen, desto mehr bin ich davon überzeugt, dass das Alte Testament ganz und gar zu einer Geschichte gehört, die unsere Geschichte ist. Die Bibel muss vorwärts und rückwärts gelesen werden: Ohne das Alte Testament werden wir das Neue Testament oft nur schwer und häufig sogar falsch verstehen. Wenn wir das Alte Testament jedoch mit den Augen des Neuen Testaments lesen, erscheint es uns gar nicht mehr so irrelevant. Aus der Perspektive des Neuen Testaments erkennen wir die wichtige Rolle des Alten Testaments in der ganzen Erzählung.

Mit diesem Buch geht es uns um die folgenden Ziele:

- Die Leserinnen und Leser sollen entdecken, dass die Bibel eine ergreifende Geschichte erzählt, die lebensbeschreibend und lebensverändernd sein will.
- Die Leserinnen und Leser sollen entdecken, dass das Alte Testament einen großen Teil *unserer* (christlichen) Geschichte erzählt; dass es das Neue Testament erläutert und zugleich selbst vom Neuen Testament erläutert wird.
- Die Leserinnen und Leser sollen den Wert des Alten Testaments neu entdecken.

In jedem Kapitel nehmen wir einen wichtigen Aspekt der biblischen Geschichte unter die Lupe und versuchen aufzuzeigen, wie dieser Teil sich ins Ganze einfügt. Dabei sprechen wir auch heikle oder verwirrende Themen an und versuchen, eine Brücke zwischen dem jeweiligen Abschnitt der Bibel und der ganzen Geschichte zu schlagen. Das übergreifende Thema ist dabei *die Treue Gottes*. Wenn Gott nicht treu seinem Plan, seiner Schöpfung, seinem Volk und jedem einzelnen Menschen zur Seite stünde, dann gäbe es keine

Geschichte mehr zu erzählen – es wäre längst aus mit uns. Doch der treue Gott wird uns nie im Stich lassen, bis er seine Ziele für uns erreicht hat und wir in seiner Gegenwart die ganze Geschichte vom Ende her verstehen und feiern werden.

Timothy J. und Gertrud A. Geddert

Weiterführende Fragen

1. Die Bibel ist in erster Linie eine Erzählung, mehr als ein Geschichtsbuch, mehr als ein Theologiebuch, mehr als ein Gesetzbuch – wie denken Sie über diese Meinung der Autoren?
2. Was ist Ihre erste Reaktion auf den Gedanken, dass das Alte Testament *unsere* Geschichte – nicht allein die Geschichte eines anderen Volkes – erzählt?

Kapitel 1

Gott, der treue Schöpfer | 1. Mose 1–2

Am Anfang schuf Gott

So fängt die ganze Geschichte an, die Weltgeschichte und die biblische Geschichte. Davor gab es nur Gott, ganz alleine. Wenn wir berücksichtigen, was wir später von Jesus lernen, reden wir besser von »Gott als drei«. Gott als drei, und dennoch alleine Gott. Aber Gott wollte nicht allein bleiben. Und so schuf Gott das, was nicht Gott ist. Aber warum?

Dafür gäbe es absolut keine Erklärung, falls Gott wirklich so wäre, wie es manchmal behauptet wird. Philosophen, Theologen und andere Denker versuchten immer wieder das Wesen Gottes zu erfassen und zu beschreiben. Zu den biblischen Begriffen wie »allmächtig«, »allwissend« und »allgegenwärtig« kommen weitere Beschreibungen hinzu. Manche reden dann von einem Gott, der in sich selbst komplett und restlos zufrieden sei, unveränderlich und leidenschaftslos, in perfekter Harmonie, sich selbst genug.

Aber dies ist ganz und gar kein biblisches Bild. Der lebendige Gott setzt seine schöpferische Kreativität ein und bringt zustande, was zuvor nicht war. Gott sehnte sich nach Beziehungen mit anderen, die nicht Gott waren. Gott hatte Pläne und Wünsche. Und so schuf Gott. Gott schuf das, was anders ist als Gott – das Weltall, die Natur, die Erde, die Sonne und den Mond, die Sterne, Lebewesen aller Art und die Menschheit. *Und Gott sah alles an, was er geschaffen hatte, und sah: Es war alles sehr gut* (1. Mose 1,31).

1. Mose 1 und 2 erzählen davon, dass Gott ein schöpferischer Gott ist, und sie listen auf, was Gott alles erschuf. Diese Kapitel erzählen vom Beginn allen Lebens, von der Erschaffung von Himmel und Erde. Hier möchte ich unmissverständlich und klar sagen: Die Bibel sagt von Anfang bis Ende, dass Gott alles erschaffen hat. Das Weltall entstand aus nichts als seinem Schöpfungswort, und auch nicht zufällig. Gott wollte eine Schöpfung und erschuf sie. Gott erschuf alles außerhalb sich selbst. Über das »Wie« erfahren wir nur: »und Gott sprach«. Über das »Warum« und »Wozu« können wir viel erfahren, wenn wir diese Kapitel im richtigen Zusammenhang lesen.

Im Verlauf der Jahrhunderte gab es mehrere Theorien darüber, inwieweit 1. Mose 1 und 2 genau festhalten, in welcher Reihenfolge alles erschaffen wurde und auch in welchem Zeitraum. Sind die sechs Schöpfungstage wortwörtlich als sechs Tage zu verstehen? Oder sollen wir die sechs Tage eher als sechs Epochen unterschiedlicher Dauer verstehen, oder gar als sechs Aspekte der Schöpfung Gottes? Oder geht es vielleicht nur um die literarische Form einer Erzählung?

Wenn Gott die Erde und das Weltall in einem kurzen Zeitraum erschaffen wollte, dann war das nicht unmöglich für ihn. Es ist also im Prinzip kein Problem, zu behaupten: Gott sprach, und es geschah – einfach so, aus dem Effeff, wie aus dem Ärmel geschüttelt, entstand alles in sechs mal 24 Stunden. Manche Ausleger meinen jedoch Ungereimtheiten im Text zu erkennen und werten sie als Hinweise darauf, dass diese Kapitel nicht wortwörtlich verstanden werden sollten. Sie fragen sich beispielsweise, warum es schon vor der Erschaffung von Sonne, Mond und Sternen Licht gab oder warum schon zwischen Tag und Nacht unterschieden wurde, ehe es eine Sonne gab.

Die unterschiedlichen Ansätze, den Schöpfungsbericht auszulegen, führten leider oft zu verhärteten Fronten, die es unmöglich machten, die viel wichtigeren Aussagen des Textes zu hören. Wenn wir alle unsere Kräfte in Diskussionen über die Wissenschaftlichkeit des Schöpfungsberichtes investieren, dann besteht die Gefahr, dass wir andere wichtige Gesichtspunkte aus den Augen verlieren. Unseres Erachtens ist die wichtigste Aussage des Textes die, dass wir das Entstehen des Weltalls nicht dem Zufall, sondern einem erschaffenden Gott zu verdanken haben. Es ist wichtig, dass wir Gott nicht als jemanden sehen, der irgendwo unbeteiligt im Hintergrund bleibt, sondern als jemanden, der direkt eingreift, um seinen Willen zu verwirklichen.

Es ist wichtig, dass wir berücksichtigen, in welchem geschichtlichen Kontext diese ersten Kapitel der Bibel geschrieben wurden und wie sie als Wort Gottes zum alttestamentlichen Gottesvolk sprachen. Die theologischen Gegner der damaligen Lehrer, Propheten und Autoren waren keine von Charles Darwin in die Irre geführten atheistischen Wissenschaftler. Es waren auch keine Wissenschaftler, die glaubten, das Weltall sei in Milliarden Jahren entstanden, und deren Zeitvorstellungen deshalb korrigiert werden müssten. Die Gegner des alten Israels waren die Vertreter heidnischer Religionen, die ihre eigenen Entstehungsgeschichten verbreiteten. Die Geschichten dieser Religionen unterschieden sich zutiefst vom biblischen Schöpfungsbericht: Sie sprachen von Göttern und Göttinnen und behaupteten, diese Götter hätten durch Morde und Kriege in der himmlischen Welt den Grundstein für eine ebenso gewalttätige irdische Welt gelegt.

Mose und seine Nachfolger bekämpften solche Vorstellungen und erklärten, dass es ganz anders war: Gott hatte am Anfang der Zeiten keine Gegner. Deshalb sind Mord und Krieg auch kein wesentlicher Bestandteil des Weltalls. Die Schöpfung ist gut. Sie entstand nicht dadurch, dass – wie andere behaupteten – ein Riesentier geschlachtet wurde. Selbst die Biester sind Teil der guten Schöpfung Gottes. Das Leben auf dieser Erde entstand auch nicht – wie wieder andere behaupteten – durch den magischen Einfluss der Sterne. Nein, es ist Gott, der alles erschaffen hat: Erde, Mond und Sonne ... und auch die Sterne, die in 1. Mose 1 fast nebenbei erwähnt werden. Und Gott schuf dies alles durch sein schöpferisches Wort, nicht durch Magie und nicht durch die kriegerische Macht eines Schwertes.

1. Mose 1 und 2 sind nicht als *naturwissenschaftliche* Abhandlungen zu verstehen. Aber sie stellen dennoch die Grundlage aller Naturwissenschaften dar. Wir erfahren dort, dass die Natur von Gott gewollt und geplant war, von Gott erschaffen und mit der Menschheit geteilt wurde. Gott beauftragte die Menschen, seinen Geschöpfen Namen zu geben. Und er gebot ihnen, den Garten zu pflegen, das heißt, verantwortlich damit umzugehen.

1. Mose 1 und 2 sind aber auch keine bloßen *historischen* Abhandlungen. Und dennoch stellen diese Kapitel die Grundlage der ganzen Weltgeschichte dar. Wir erfahren, wo alles begann und wozu alles dienen soll. Wir können diesen Kapiteln entnehmen, dass Gott, der Schöpfer, letztendlich für die ganze Geschichte zuständig ist. Er erschuf die Menschen zu seinem Bilde und berief sie zu seinen Mitarbeitern.

Wenn wir diesen Kapiteln gerecht werden wollen, müssen wir neben ihren Beiträgen zu Wissenschaft und Geschichte auch ihre literarische Schönheit entdecken. Dieser Text ist zugleich poetisch und wahr, kunstvoll geschrieben und doch aussagekräftig. Die Entstehungsgeschichte wird in zwei Teilen erzählt. Zuerst werden die sechs Tage aufgezählt, in denen Gott den Himmel und die Erde, die Himmelskörper, das Land und das Meer, die Lebewesen und die Menschen erschuf. Gleich darauf wird berichtet, dass Gott alles für »sehr gut« erklärte und selbst einen Ruhetag hielt. Im zweiten Teil des Textes werden dann Einzelheiten noch einmal besonders aufgegriffen und die Erschaffung von Eva als Adams Gegenüber und Partnerin betont. 1. Mose 1 beschreibt die Menschheit als den krönenden Abschluss der Schöpfung Gottes und betont Gottes Souveränität über und Zufriedenheit mit seiner Schöpfung. 1. Mose 2 betont die Rolle der Menschheit in Gottes guter Welt und vor allem die Notwendigkeit eines Lebens in menschlicher Gemeinschaft als den Kontext eines erfüllten Lebens als Treuhänder Gottes.

Was antworten wir nun Wissenschaftlern, die behaupten, unsere Welt sei Milliarden Jahre alt? Sind Christen verpflichtet, die Behauptung abzulehnen, dass die Galaxien durch einen Urknall in das Weltall hinausgeschleudert wurden? Müssen wir, um bibeltreu zu sein, die Behauptungen von Wissenschaftlern abstreiten, der Mensch stamme von den Primaten ab?

Unseres Erachtens befanden sich Theologen und Wissenschaftler wegen solcher Fragen viel zu lange im Kriegszustand. Tatsache ist, dass Wissenschaftler – Christen wie Atheisten – sich weder einig noch sicher sind, dass sie mit einer einzigen Theorie alles erklären können. Tatsache ist auch, dass sich Theologen unter sich noch weniger einig sind. Einige bekennen sich zu einer wörtlichen Interpretation der biblischen Weltentstehungslehre. Andere meinen, 1. Mose erkläre die Reihenfolge, nicht aber die Zeiträume, in denen Gott schuf. Wieder andere meinen, es gehe hier gar nicht um das Wie und Wann, sondern nur um das Warum und Von-Wem.

Wir möchten gerne die Gefahren beider Extreme dieses Spektrums aufzeigen. Auf der einen Seite ist es wichtig, dass wir als Bibelausleger uns auf das *Auslegen der Bibel* konzentrieren und nicht versuchen, den Naturwissenschaften hinterherzulaufen, um unsere Überzeugungen den neuesten Theorien anzupassen. Es besteht sonst die Gefahr, dass wir unsere Überzeugungen genauso oft revidieren müssen, wie die Naturwissenschaften es tun. Gott kann schließlich auch mit scheinbarem Alter geschaffen haben. Die noch größere Gefahr ist, dass wir allmählich unsicher werden, ob es überhaupt notwendig ist, an einen Schöpfergott zu glauben, um die Entstehung des Weltalls zu erklären. Wer braucht noch Gott, wenn ein Urknall alles erklärt?

Auf der anderen Seite sehen wir die Gefahr, Angst davor zu haben, Neues zu lernen und unsere Auslegungen zu überdenken. Es besteht die Gefahr, dass wir starr an Theorien festhalten, die dem widersprechen, was die meisten denkenden Menschen aus guten Gründen für sinnvoll halten. Es ist wichtig, die »Galileo-Lektion« zu bedenken. Die Kirche verfolgte damals Wissenschaftler wie Galileo Galilei (1564–1642), die glaubten, beweisen zu können, dass die Erde sich um die Sonne drehe und nicht umgekehrt. Die Kirche bestand darauf, dass die Bibel unmissverständlich ein »geozentrisches« Weltall – dass nämlich die Sonne sich um die Erde drehe – und nicht ein »heliozentrisches« unterstütze, wo die Erde um die Sonne kreist. Mit der Zeit musste die Kirche ihren Fehler einsehen – bis dahin hatten viele Wissenschaftler die damaligen Ausleger längst für unglaubwürdig erklärt.

Auch wenn wir die Ausleger respektieren, die behaupten, die Erde sei erst etwa 6000 Jahre alt (und auch sie haben durchaus gute Argumente), so meinen wir doch, dass sie in der Gefahr stehen, den gleichen Fehler zu begehen. Wenn wir durch unser Teleskop schauen und Sternensysteme beobachten, die Millionen von Lichtjahren entfernt liegen, dann scheint es uns, als hätte Gott dies alles tatsächlich in großen Zeiträumen erschaffen und nicht erst vor ein paar tausend Jahren. Aus unserer Sicht widerspricht das nicht den Aussagen der Bibel.

Aber wo ist dann das Ende dieser Logik? Wir wissen, dass die Geologen behaupten, dass geologische Aufzeichnungen und Dinosaurierknochen Ähnliches zeigen. Entweder gibt es schon seit Urzeiten Tierleben auf der Erde oder Gott hat sich viel Mühe gegeben, diesen Eindruck zu erwecken.

Das geht natürlich vielen Christen zu weit, und so versuchen sie, die wissenschaftlichen Befunde anders zu erklären. Viele Gläubige halten die »Junge-Erde-Theorie« für zutreffend (wenn auch die Erde ihrer Ansicht nach nicht unbedingt exakt höchstens 6000 Jahre alt ist); sie werden häufig »Kreationisten« genannt. Andere bekennen sich zu der Vorstellung, dass Gott als »intelligentes Wesen« die Entwicklung des Weltalls aktiv gelenkt und bis ins kleinste Detail vorausbestimmt habe (»Intelligent Design« wird die Theorie genannt, der zufolge bestimmte Merkmale des Universums und Lebens am besten durch eine intelligente Ursache bzw. Absicht erklärt werden können). Wieder andere glauben, Gott habe alles in einem langen Prozess der Entwicklung erschaffen – ohne sich festlegen zu wollen, wie genau dies geschah.

All diese Überzeugungen gehen davon aus, dass Gott der Schöpfer ist. Die Art und Weise, wie Gott die Welt erschuf, wird von den Auslegern unterschiedlich verstanden.

Das letzte Wort dieser Diskussion ist noch nicht gefallen. Aber *ein* erstes Wort wurde bereits gesprochen: *Am Anfang schuf Gott.* Gott hatte Pläne und Wünsche. Er wurde kreativ. Gott erschuf eine wunderbare Welt und als Höhepunkt die Menschheit. Diesen Menschen verlieh Gott Kreativität und Freiheit und machte sie so zu seinen »Mitschöpfern«. Menschen wurden zu Mitgestaltern der Geschichte. Obwohl Gott immer noch ein Ziel für die Geschichte hat, obwohl wir wissen können, dass Gott diese Welt nie im Stich lassen wird und sie in seiner großen erfinderischen Treue auch zu diesem Ziel bringen wird, sind wir Menschen doch Mitgestalter dieser Geschichte. In diesem Sinn teilt Gott seine Macht mit der Menschheit. Und er verhindert es meistens nicht, wenn Menschen diese Macht missbrauchen. (Auf diesen Aspekt der Geschichte kommen wir später noch zurück).

Bevölkert die Erde!

Mose beschreibt, dass Gott die Meere mit Fischen, die Himmel mit Vögeln und die Erde mit Tieren aller Arten *füllte*. Himmel und Erde wimmelten von Lebewesen. Nur Adam und Eva waren alleine, als einzige Vertreter der noch zu entstehenden Menschheit. *Und Gott segnete die Menschen und sagte zu ihnen: »Seid fruchtbar und vermehrt euch! Füllt die ganze Erde …«* (1. Mose 1,28). Vielleicht ist dies das einzige Gebot Gottes, das die Menschheit tatsächlich erfüllte.

Jedes Mal, wenn ein Kind geboren wird, entsteht auf der Erde eine weitere Schöpfung Gottes – unter der Mitwirkung von Menschen, den Treuhändern Gottes und Mitgestaltern seiner Geschichte. Und jedes Kind wird, so wie am Anfang Adam und Eva, als Gottes Ebenbild geschaffen, das Gott ähnlich ist (1. Mose 1,26–27). Was für ein Vorrecht und welche Verantwortung!

Der treue Schöpfer

Wer nach Gottes Willen leiden muss, der soll sich nicht davon abbringen lassen, Gutes zu tun und seinem treuen Schöpfer sein Leben anzuvertrauen (1. Petrus 4,19; Hoffnung für alle).

Gott ist der »treue Schöpfer«. Dieser Begriff kommt in der Bibel nur einmal vor und zwar in einem Zusammenhang, in dem deutlich wird, dass es im Leben nicht nur Schönes und Wunderbares gibt. Es gibt auch Leiden und Schmerzen. Es gibt sogar Leiden, die die Folge davon sind, dass Gottes Schöpfung ihrem treuen Schöpfer nicht treu blieb.

Herrschen und unterwerfen

Gottes Welt war noch nicht vollendet, als Gott sie schuf – sündlos, aber nicht vollkommen, nicht fertig. Gott schuf ein Weltall und eine Menschheit mit Potenzial. Gott beabsichtigte, mit dieser Schöpfung einen langen Weg zu gehen, bevor sie vollendet sein würde. Aber auf diesem Weg sollte Gott immer zu seiner Schöpfung stehen und dieser oft abtrünnigen Schöpfung treu sein.

Die Natur kann ohne die Kinder Gottes nicht zum Ziel kommen, schreibt Paulus (Römer 8,18–20). Unsere Rolle ist es, »zu unterwerfen« und »zu herrschen« (so wird 1. Mose 1,28 meistens übersetzt: *Seid fruchtbar und vermehrt euch, bevölkert die Erde, unterwerft sie euch und herrscht über die Fische des Meeres, über die Vögel des Himmels und über alle Tiere, die sich auf dem Land regen;* Einheitsübersetzung).

Weil aber diese Begriffe oft schrecklich missverstanden werden und weil die Menschheit eher geneigt ist, die Schöpfung auszubeuten und auszunutzen, sollten wir diesen Auftrag etwas näher betrachten. »Herrschen« (hebräisch: *radah*) wird oft mit »niedertreten« oder »unterdrücken« übersetzt. Dies ist in Zusammenhängen der Fall, in denen »herrschen« mit Gewalt oder zum Selbstzweck geschieht. Wenn aber »herrschen« dem Willen Gottes entspricht, sieht es anders aus. Es wird dann als »über etwas Aufsicht haben« beschrieben. Wir finden auch oft die Warnung, »nicht mit Gewalt zu zwingen« oder »nicht zu Sklaven zu machen« (3. Mose 25,43.46.53).

»Herrschen« bedeutet Gerechtigkeit und Barmherzigkeit üben, Hilfe und Schutz anbieten, *Schalom* (dazu gleich mehr) schaffen. Macht soll höchstens eingesetzt werden, um Machtmissbrauch zu verhindern und gerechte und friedliche Beziehungen aufrechtzuerhalten (siehe Psalm 72).

Wenn wir die Schätze dieser Welt selbstsüchtig ausbeuten, wenn wir die zerbrechlichen und gefährdeten Teile der Schöpfung ignorieren oder missachten, wenn wir Stärke missbrauchen und Gerechtigkeit blockieren statt wiederherstellen, dann haben wir »herrschen« nicht im Sinne Gottes verstanden.

Wenn wir »herrschen« so verstehen, wie Gott es meinte, dann können wir auch das andere Wort »unterwerfen« richtig einordnen. Gott sagte: ... *unterwerft sie euch und herrscht über* ... sie (Einheitsübersetzung). Wenn wir diesen Schöpfungsauftrag im Kontext der ganzen Bibel verstehen, dann gilt es, alles zu unterwerfen, was den *Schalom* zerstört; alle Wände niederzureißen, die gerechte Beziehungen verhindern; alle Kräfte zu bekämpfen, die die Machtlosen unterdrücken; alle Systeme und Verhaltensweisen infrage zu stellen, die Gottes gute Schöpfung aus den von ihm gewollten Bahnen bringen wollen.

Die Menschheit, Adam und Eva und ihre Nachkommen, ich und du, wir sind die Krone der Schöpfung, Mitgestalter der Geschichte, Gottes Assistenten. Und Gottes Ziel soll auch unser Ziel sein. Durch Liebe und Fürsorge, durch selbstloses Aufopfern und einsichtsvolle Wachsamkeit sollen wir darauf achten, dass niemand und nichts unter die Räder gerät, sondern dass alle sich auf dem Weg zum vollen *Schalom* Gottes befinden.

Die Herrlichkeit des Schöpfers – die Würde des Menschen

Wir erwähnten bereits mehrmals das Wort *Schalom,* als wäre es ein ganz gewöhnliches deutsches Wort. In der Tat ist es noch nicht einmal ein gewöhnliches hebräisches Wort: Es ist ein ganz besonderes Wort. Es beschreibt einen Zustand, in dem alles in Ordnung ist, alle Beziehungen intakt und alle Nöte gestillt sind und wo niemand irgendjemandem irgendetwas schuldet. *Schalom* ist ein Traum und ein Ziel. In 1. Mose 1 wird ein Leben im *Schalom* beschrieben.

Und dann geschah der Sündenfall. Die Konsequenzen waren gravierend, der *Schalom* Gottes wurde mehr als nur angeschlagen. Aber das Abbild Gottes im Menschen wurde nicht völlig zerstört, wie manche meinen. Die Menschheit stellt immer noch die Krone der Schöpfung dar, auch wenn sie nun nicht mehr immer mit Gerechtigkeit herrscht. Weil zwei Menschen eine verbotene Frucht aßen, ist seitdem zwar alles beeinträchtigt, wurde aber nicht alles völlig zerstört. Früher sah ich, Tim, das anders. Aber dann änderte sich vor mehr als 30 Jahren in einer unvergesslichen Unterrichtsstunde in einem Seminar über »Alttestamentliche Theologie« meine Meinung. Ich erinnere mich noch genau an die Einzelheiten.

Halb im Spaß gab uns der Professor den Auftrag, alle Geschöpfe Gottes zwischen eins und zehn einzuordnen. Gott sei dabei eine Zehn, denn ihm, dem Allmächtigen gebühre die höchste Ehre. Die niedrigsten Kreaturen, zum Beispiel Würmer, sollten wir mit einer Eins versehen. Vermutlich wollte er keine Null verwenden, da sogar Würmer Teil der guten Schöpfung Gottes sind.

Ich erinnere mich noch genau, wie ein Student wie aus der Pistole geschossen antwortete: »Ich glaube, die Menschen sind bei eineinviertel – höchstens.« (Ich wusste gleich, aus welcher theologischen Ecke dieser Student kam.) Andere widersprachen ihm sofort: »Nein, ich würde die Menschheit bei fünf einstufen.« Irgendjemand nannte sogar die Zahl »sieben«. Nachdem wir nicht ganz ernsthaft debattiert hatten, schlug der Professor vor: »Warum schauen wir nicht einfach in der Bibel nach, wo wir eine ziemlich klare Antwort finden? Schlagt doch bitte Psalm 8 auf.«

Ich kannte diesen Psalm recht gut. *Herr, unser Herrscher! Groß und herrlich ist dein Name. Himmel und Erde sind Zeichen deiner Macht* (Vers 2; hier jeweils Hoffnung für alle). So fängt David an, der offenbar ganz deutlich ausdrücken will: »Gott ist eine Zehn.« Dann fährt er fort: *Aus dem Mund der Kinder erklingt dein Lob. Es ist stärker als das Fluchen deiner Feinde. Erlahmen muss da ihre Rachsucht, beschämt müssen sie verstummen* (Vers 3).

Und dann stellt der Psalmdichter die Frage: *Ich blicke zum Himmel und sehe, was deine Hände geschaffen haben; den Mond und die Sterne – allen hast du ihre Bahnen vorgezeichnet. Was ist da schon der Mensch, dass du an ihn denkst?* (Vers 4–5).

Das hatte ich mich auch schon manches Mal gefragt. Ich erinnere mich, wie wir als Kinder im Dorf meiner Kindheit in Kanada Schlittschuh liefen. Die Eislaufbahn war im Freien und nur mit notdürftigen Lichterketten versehen. Oft schalteten wir sie einfach aus und genossen es, im Kreis zu laufen, beleuchtet von Millionen von Sternen, der Milchstraße und wunderbaren Nordlichtern. Da stellte ich dann auch die Frage: »Ich blicke zum Himmel und sehe, was deine Hände geschaffen haben; den Mond und die Sterne – allen hast du ihre Bahnen vorgezeichnet. Was ist da schon der Mensch, dass du an ihn denkst?« Ich verstand das so: »Gott, kann es wirklich sein, dass du mich kleinen unwichtigen Menschen überhaupt bemerkst?

Ich fühle mich so winzig unter all den viel herrlicheren Teilen der Schöpfung, der glanzvollen, prächtigen Sternenwelt.« Angesichts der erwähnten Skala sah ich mich bei Eineinviertel unter einem großen Himmel voller Sechser, Siebener und Achter.

Mir kamen immer sehr schnell die Bibelstellen in den Sinn, wo Menschen »wie nichts« beschrieben werden (zum Beispiel Psalm 144,4), mit Staub oder schnell verwelkenden Blumen verglichen werden (zum Beispiel Psalm 103,14–15). Die Zerbrechlichkeit, Abhängigkeit und Vergänglichkeit des Menschen verstand ich dann als Hinweis darauf, dass wir Menschen in dem großen Plan Gottes eben nur ein sehr unwesentlicher Teil seien.

Doch nun stellte unser Professor Psalm 8 auf den Kopf (oder vielleicht auf die Füße ...). Er fragte: »Warum verstehen wir die Frage des Psalmdichters als den verzweifelten Versuch, mit einem Minderwertigkeitskomplex umzugehen? Vielleicht ist es ja auch eine ganze ernsthafte Frage. Was, wenn David tatsächlich fragt: ›Falls Gott eine Zehn ist, was sind wir dann?‹ Und was, wenn der folgende Satz dieses Psalms einfach die Antwort darauf ist: *Du hast ihn nur wenig geringer gemacht als Gott, hast ihn mit Herrlichkeit und Ehre gekrönt* (Vers 6; so die Einheitsübersetzung und alle anderen Übersetzungen, die den Text wörtlich übertragen)?«

Bedeutet das nicht, wir sollten uns vielleicht doch bei »acht« oder sogar bei »neun« einstufen? Und welchen Platz nehmen diese herrlichen Schöpfungswerke Gottes – Sonne, Mond und Sterne – ein? Auch auf diese Frage gibt der Psalmist eine direkte Antwort: *»Du hast ihn* [den Menschen] *als Herrscher eingesetzt über das Werk deiner Hände«* (Vers 7; Einheitsübersetzung). »Das Werk deiner Hände« – dazu gehören der Mond und all die Sterne, die Gott erschaffen hat (Vers 4). Herrlicher als alles, was Gott erschuf – die Sterne, die Milchstraße, die Nordlichter – das ist die Menschheit. Herrscher über alles, was auf dieser Erde lebt, *»die Schafe, Ziegen und Rinder, die Wildtiere in Feld und Wald, die Vögel in der Luft und die Fische im Wasser, die kleinen und die großen, alles, was die Meere durchzieht«* (Vers 8-9) – das ist die Menschheit. Die Anspielung auf 1. Mose 1,28 ist nicht zu übersehen. Wir könnten uns tatsächlich fast bei »zehn« einstufen. Aber um davor zu warnen, wiederholt der Psalmist am Ende noch einmal, was er zu Beginn gesagt hat: *Herr, unser Herrscher, groß ist dein Ruhm auf der ganzen Erde!* Nur Gott allein ist eine Zehn. Uns muss es reichen, eine Neun oder vielleicht eine Neuneinhalb zu sein. Die Redakteure der Einheitsübersetzung fanden wirklich die richtige Überschrift für diesen Psalm: »Die Herrlichkeit des Schöpfers – die Würde des Menschen«.

Und jetzt kommt vielleicht das Wichtigste, worauf wir achten sollten: Dieser Psalm wurde *nach* dem Sündenfall geschrieben. Die Stellung der Menschheit bleibt die gleiche wie in 1. Mose 1 und 2. Unser Auftrag ist es, zu »unterwerfen«, das heißt, genau dort Gerechtigkeit zu schaffen, wo Macht missbraucht wird. Unser Auftrag ist es, zu »herrschen«, um die zerbrechlichsten und am meisten gefährdeten Geschöpfe Gottes zu beschützen. Der Schöpfungsauftrag bleibt weiterhin erhalten.

Was geschah, als Adam und Eva nicht mehr damit zufrieden waren, nur eine Neun zu sein; als sie wie Gott werden wollten? Das nennen wir den Sündenfall. Darum und um seine Auswirkungen geht es im nächsten Kapitel.

Warum sollten wir die Schöpfungsgeschichte lesen?

»Wir sind doch neutestamentliche Christen«, sagen manche Gläubige. »Warum sollen wir das Alte Testament lesen?« Die erste Antwort von vielen: Ohne das Alte Testament wüssten wir fast nichts von unserem wichtigsten Auftrag. Die Schöpfungsgeschichte beschreibt nicht die Geschichte eines *anderen* Volkes, sondern sie leitet die Geschichte der *ganzen Menschheit* ein. 1. Mose 1 und 2 zählen zu den wichtigsten Kapiteln der ganzen Bibel.

Weiterführende Fragen

1. In Bezug auf den Ursprung des Weltalls und der Erde: Welche Spannungen gibt es zwischen gängigen Meinungen vieler Wissenschaftler und den Aussagen der Bibel?
2. Wie reagieren Sie auf den Gedanken, dass es im Schöpfungsbericht der Bibel mehr um das Wesen des Schöpfergottes und seine Beziehung zur Schöpfung geht als um Zeiträume und Reihenfolgen?
3. Was bedeutet »herrschen und unterwerfen«? Vergleichen Sie nach Möglichkeit mehrere Bibelübersetzungen.
4. »Herrlicher als alles, was Gott erschuf – die Sterne, die Milchstraße, die Nordlichter – das ist die Menschheit« (Seite 22). Wenn das stimmt, was bedeutet das für unseren Umgang mit anderen Menschen?

Kapitel 2

Der Sündenfall – ist alles im Sande verlaufen? | 1. Mose 3-11

Jetzt wissen wir, wer der Feind ist: wir selbst«, lässt der amerikanische Komiker Walter Kelly seine Figur Pogo sagen. Oft ist es tatsächlich so, dass wir selbst unsere schlimmsten Feinde sind. Darum geht es in den folgenden Kapiteln von 1. Mose. Schon in den ersten beiden Kapiteln wird angedeutet, dass in der guten Schöpfung Gottes nicht immer alles eitel Sonnenschein sein wird. Bereits Gottes Gebot, von einem bestimmten Baum nicht zu essen (1. Mose 3,3), weist darauf hin, dass die Menschheit nicht automatisch nach dem Willen Gottes lebt, sondern sich bewusst entscheiden muss. Wenn eine positive Entscheidung möglich ist, ist freilich auch eine negative möglich.

Von der Schlange betrogen

1. Mose 3 berichtet von der Versuchung, der Adam und Eva zu widerstehen hatten. Die Schlange fing an, Fragen zu stellen: »Was hat Gott wirklich gesagt? Was meinte er damit? Seid ihr sicher, dass er es gut mit euch meint? Will er euch vielleicht etwas vor-

enthalten?« Die verführende Stimme behauptete, es wäre zum Nachteil der beiden, wenn sie Gott gehorsam seien. Die verbotene Frucht sei doch einwandfrei, herrlich und gut. »Gott will euch nur unter seinem Daumen halten; euch vorschreiben, was ihr zu tun und zu lassen habt. Eine Entscheidung gegen den Willen Gottes ist also wirklich nur ein Schritt in die Freiheit, in die Selbstbestimmung ...«

So verdrehte die Schlange die Wahrheit. Es stimmt, Gott wollte tatsächlich, dass die Menschen sich frei entscheiden, und dazu gehört ein gewisses Maß an Selbstbestimmung. Aber dass die Menschen direkt gegen Gottes Wort handeln, das hatte Gott zwar ermöglicht, aber keineswegs beabsichtigt. Gott war ein Risiko eingegangen, und das schlimmste, was hatte geschehen können, war tatsächlich eingetreten: Die Menschheit hatte sich entschieden, ihre eigenen Wege zu gehen.

Die Rede der Schlange war überzeugend gewesen. Aber als Eva und dann auch Adam Schritte in die Freiheit wagten, kam alles ganz anders, als die Schlange versprochen hatte. Angeblich würden sie wie Gott werden, doch die ersten Auswirkungen waren nicht sehr verheißungsvoll. Zuvor hatten sie in Harmonie mit ihrem Schöpfer und seiner Schöpfung gelebt. Jetzt wurde diese Harmonie an allen Ecken und Enden angekratzt. Gott suchte wie immer Gemeinschaft mit ihnen, aber nun versteckten sich die Menschen vor ihm (1. Mose 3,8–9). Anstelle der vorherigen intimen Beziehung herrschte jetzt Angst und der Wunsch, sich zu verbergen. Der Mann fing an, der Frau die Schuld zuzuweisen, beide begannen sich zu schämen (1. Mose 3,7.12–13).

Kurz darauf erfahren wir, dass der Auftrag Gottes, die Erde zu bevölkern, nur mit Schmerz erfüllt werden kann, und dass Gottes Auftrag, den Garten zu pflegen, als Überdruss und Kampf erlebt werden wird (1. Mose 3,16–19). Auch der Kampf zwischen dem Nachwuchs der Menschen und der Schlange wird vorausgesagt, ein Kampf, der zu den Hauptthemen der ganzen Bibel gehört. Die Menschheit lebt jetzt in einer Welt, die zwar immer noch Gottes gute Schöpfung darstellt, aber gleichzeitig auch ein Kampfgebiet zwischen Gut und Böse ist. Die Kampflinie scheint oft zwischen Menschen zu liegen, zwischen Feinden oder zwischen Religionen.

Aber die Linie führt auch durch das Herz eines jeden Menschen: Wir haben ein zwiespältiges Herz und brauchen Gottes Hilfe, um wieder heil zu werden. Und das gilt nicht nur für uns persönlich, sondern auch für unsere Familien, unsere Gesellschaft, unsere Welt. »Jetzt wissen wir, wer der Feind ist: wir selbst.«

Doch nicht nur wir sind unsere Feinde: Durch die Schlange spricht eine Macht, die sich irgendwie gegen Gott und seine gute Welt stellt. Woher kam das Böse ursprünglich? Mit diesem Thema beschäftigten sich bereits die besten theologischen Köpfe, doch nur wenige Aussagen sind unumstritten. Aus unserer Sicht können wir folgende Ankerpunkte festmachen, die uns bei der Frage nach Gut und Böse weiterhelfen:

- Gott erschuf alles, was außer Gott existiert. Seit Ewigkeiten existiert nur Gott, der Schöpfer des Himmels und der Erde. Das Böse entstand irgendwann einmal und hat daher keinen gesicherten, bleibenden Platz.
- Gott ist absolut gut. Das Böse ist nicht Teil dessen, was Gott selbst ist oder was er will.

Theologische Erklärungsmodelle, die die *Vorsehung und Allmacht Gottes* zu sehr betonen – und zwar auf Kosten der Freiheit der Menschen und ihrer Verantwortung Gott gegenüber –, haben große Schwierigkeiten, mit den Fragen nach Gut und Böse umzugehen. Bei solchen theologischen Ansätzen sieht es so aus, als sei Gott daran schuld, wenn Böses geschieht.

Theologische Sichtweisen, bei denen die *menschliche Freiheit* stärker betont wird, betrachten Gott weniger als den alles kontrollierenden Gott, sondern stärker als liebenden, treuen Gott, der uns auch dann nah ist, wenn uns Böses widerfährt. Gott respektiert die Freiheit, die er uns gegeben hat, weil wir ihn nur so aus freien Stücken wiederlieben können.

Am besten errichten wir solche starren theologischen Systeme allerdings gar nicht erst, die es uns unmöglich machen, einfach auf Gottes Wort zu hören.

In 1. Mose 3 lesen wir, wie das erste Menschenpaar eine verbotene Frucht aß. Dies war der erste Schritt weg von Gott und seinem guten Plan. Wenn wir weiterlesen, ist bald von Mord und Rache die Rede (4,8.14.24). Schon im sechsten Kapitel der Bibel wird berichtet, wie das Böse die Oberhand gewann. Und so beschloss Gott, fast alles zu vernichten und neu anzufangen. Wir lesen von der Sintflut und dem Rettungsakt Gottes für Noah, dessen Familie und nur so vielen Vertretern der Tierwelt, wie in ein Schiff passen.

Was ist schief gelaufen?

Ursprünglich war die Welt »gut«, sogar »sehr gut« (1. Mose 1,10.31). Dann wurde durch den Sündenfall des ersten Menschenpaares vieles zerstört. Das Abbild Gottes wurde verzerrt. Zwischen Mann und Frau, Mensch und Mitmensch, Gärtner und Garten und vor allem zwischen Menschen und Gott bestand jetzt ein Zustand des ständigen Kampfes. Langsam verschlechterte sich die Lage, bis Gott beschloss, durch die Sintflut einen neuen Anfang zu machen. Aber auch das ging nicht lange gut und Gott verwirrte die Sprachen der Menschen, so dass diese in die weite Welt zerstreut wurden (»Babel-Geschichte« – 1. Mose 11).

Sollen wir diese Geschichten alle als historische Berichte lesen? Für manche Ausleger ist nichts wichtiger, als darauf zu bestehen, dass diese Texte wortwörtlich weitergeben, was damals geschah. Andere meinen, es gehe nur um die *Bedeutung* der Geschichte. Der Text wird dann als eine Erzählung verstanden, deren Geschichtlichkeit nicht wichtig ist. Oft wird behauptet, die Tierwelt führe schon seit Milliarden von Jahren einen Überlebenskampf. Es könne also kaum sein, dass alle im Garten friedlich zusammengelebt hätten, ehe die Menschen von der verbotenen Frucht aßen. Diese Ausleger behaupten, dass die ersten elf Kapitel der Bibel eher als Bildersprache und mythologische »Erklärungsgeschichten« verstanden werden sollten. Die Wahrheiten, die sie vermittelten, seien nicht so sehr »geschichtliche Tatsachen« als vielmehr Hinweise darauf, wie wir das Schicksal der Welt verstehen sollen.

Ist also die *Geschichtlichkeit* oder die *Bedeutung* wichtig? Beides! Irgendwie ist die Welt anders geworden, als Gott ursprünglich geplant hatte. Etwas ist im Lauf der Geschichte geschehen, was den Unterschied ausmachte. 1. Mose 3 erklärt, wie das geschehen ist. Aber das Ziel dieses Berichts ist, dass wir die *Lektionen der Geschichte* lernen und nicht nur an der Frage der Historizität hängen bleiben. Die Geschichten sind nicht erfunden, sondern Tatsachenberichte. Doch sie sind noch mehr als das: Sie erklären, wie die Welt so geworden ist, wie sie ist. Und sie geben uns Hinweise darauf, wie auch wir selbst manchmal von Gottes guten Absichten und Zielen abweichen.

An einigen Bibelstellen können wir sehen, dass die Versuchung aus dem Garten immer wiederkehrt, sogar oft mit drei ähnlichen Elementen. Eva stellte fest, *dass es*

1. köstlich wäre, von dem Baum zu essen,

2. dass der Baum eine Augenweide war und

3. dazu verlockte, klug zu werden (1. Mose 3,6; Einheitsübersetzung). Spätere Stellen zeigen, dass Israel in der Wüste ähnlichen Versuchungen ausgesetzt war und sie oft nicht bestand. Auch wir werden, parallel dazu, vor allem gewarnt, *was in der Welt ist, die Begierde des Fleisches, die Begierde der Augen und das Prahlen mit dem Besitz* (1. Johannes 2,16; Einheitsübersetzung). Die Versuchung von Jesus in der Wüste zeigt ebenfalls Parallelen: Er wurde versucht, aus Steinen Brot zu machen, Gott auf die Probe zu stellen und durch einen Schritt des Ungehorsams gegen Gott alle Reiche der Welt zu erlangen (Matthäus 4,1–11). So schreibt der Verfasser des Hebräerbriefes: [Jesus] *wurde ja genau wie wir auf die Probe gestellt – aber er blieb ohne Sünde* (Hebräer 4,15). Jesus wurde genauso versucht wie Adam und Eva, wie das Volk Gottes im Alten Testament und wie die Gläubigen im Neuen Testament.

Es ist wichtig, dass wir aus der Geschichte des Sündenfalls lernen, was dieses Ereignis uns über Gott und seine Welt lehrt (und was *nicht*).

- Gott schuf eine gute Welt, aber diese Welt blieb nicht gut. Es gibt zwar noch viel Gutes, aber auch Böses und Zerstörendes, das die Güte Gottes blockiert.
- Wir wurden beauftragt, Verwalter Gottes zu sein, Miterschaffende und Mitgestaltende der Geschichte. Diese Texte lehren uns, warum das notwendig ist, und auch, warum es so schwie-

rig ist: Es ist notwendig, weil auf dieser Erde nicht alles im Einklang mit dem Willen Gottes geschieht. Und es ist schwierig, weil auch wir damit zu kämpfen haben, nach seinem Willen zu leben.

- Die Versuchung, den Willen Gottes zu missachten, kam von außerhalb des Menschen. In 1. Mose 3 ist die Rede von einer Schlange. An anderen Stellen lesen wir von einem Drachen, dem Teufel, von Satan dem Ankläger (zum Beispiel Offenbarung 12,8–10). In der Bibel wird deutlich: Die Menschen werden nicht nur von innen, von ihren eigenen Gedanken geleitet. Gott versucht, uns zu führen – ein übernatürlicher Gegner Gottes versucht dasselbe.
- Sünde hat Auswirkungen – gravierende Auswirkungen. Aber es ist nicht alles zu Ende, wenn Menschen den Plan Gottes über den Haufen werfen. Gott ist ein treuer Gott und er baut Brücken für den Weg zurück. Niemals hört er auf, Menschen einzuladen, auf den richtigen Weg zurück zu finden.

Zwei zentrale Fragen

Die ersten Kapitel der Bibel beschreiben einen paradiesischen Zustand. Die Beziehungen sind in alle Richtungen intakt – zwischen den Menschen untereinander, zwischen den Menschen und Gott und zwischen den Menschen und Gottes Schöpfung. Die folgenden Kapitel der Bibel zeigen, wie diese Beziehungen auseinanderbrechen.

In 1. Mose 3,9 stellt Gott Adam die wichtige Frage: »Wo bist du?« Und in 1. Mose 4,9 ergeht eine zweite wichtige Frage an Kain: »Wo ist dein Bruder?« Diese Fragen werden im weiteren Verlauf der Geschichte der Menschheit immer wieder aufgegriffen. Wie ist unsere Beziehung mit Gott und wie kann sie wiederhergestellt werden? Wie ist die Beziehung der Menschen untereinander und wie können angegriffene oder zerstörte Beziehungen wiederhergestellt werden? Die Zehn Gebote, die Gott später gibt, drehen sich um diese Fragen, ebenso wie die beiden höchsten Gebote: Liebt Gott und liebt einander.

Der Weg zurück

Einen Aspekt von 1. Mose 3 haben wir bisher ausgelassen – einen wichtigen, aber häufig falsch verstandenen Aspekt. Es handelt sich um die Verse in 1. Mose 3,14–15, auf die wir jetzt näher eingehen und die wir im Kontext der gesamten Bibel betrachten wollen: *Da sagte Gott, der Herr, zu der Schlange: »Verflucht sollst du sein wegen dieser Tat! Auf dem Bauch wirst du kriechen und Staub fressen dein Leben lang – du allein von allen Tieren. Und Feindschaft soll herrschen zwischen dir und der Frau, zwischen deinen Nachkommen und den ihren. Sie werden euch den Kopf zertreten, und ihr werdet sie in die Ferse beißen.«*

In diesem Text geht es sich um viel mehr als nur eine bloße Erklärung dafür, warum Schlangen auf dem Boden kriechen. Es geht auch nicht um die Begründung dafür, warum Frauen sich (angeblich) besonders vor Schlangen ekeln würden.

Theologen nennen diesen Text das »Protoevangelium« – den ersten Hinweis darauf, dass Gott einen Weg zurück bahnen wird: Nach der Sünde des ersten Paares ist es nicht aus mit der Menschheit. Sie werden Nachwuchs bekommen. Der Kampf zwischen Gott und der Schlange, dazwischen irgendwie der Mensch, wird sich fortsetzen. Und eines Tages wird es zum *Showdown* kommen. Die Schlange wird angreifen und dabei die Ferse des Nachwuchses der Frau treffen. Die Schlange wird jedoch nicht siegen. Ihr Kopf wird von der Ferse zertrümmert. Das Böse, der Feind Gottes und des Menschen, wird letzten Endes den Kampf verlieren. Wir werden schlussendlich auf der Seite des Gewinners sein. Das ist wahrhaftig Evangelium, gute Nachricht!

Doch dieser Text wirft auch einige Fragen auf. Wo, wann und wie wird dieser letzte Kampf stattfinden? Was kommt danach? Und vielleicht am wichtigsten: Wer ist der Nachwuchs der Frau, der den entscheidenden Kampf gewinnen wird?

Wir beginnen mit der letzten Frage. Wer besiegt die Schlange? Die »Sonntagsschulantwort« kommt meistens wie aus der Pistole geschossen: Jesus natürlich. Jesus ist der Sieger. Jesus zertritt dem Teufel den Kopf. »Nachwuchs der Frau« könnte vielleicht sogar ein Hinweis auf die jungfräuliche Geburt von Jesus sein, so wird hier und da behauptet.

Es steht uns aber eine Überraschung bevor, wenn wir etwas genauer hinsehen, was die Bibel sagt.

Bildersprache: unter den Füßen

Um dieses Bild ging es bereits im ersten Kapitel: *Du hast ihm den Auftrag gegeben, über deine Geschöpfe zu herrschen. Alles hast du ihm zu Füßen gelegt* (Psalm 8,7; Hoffnung für alle). Das Bild als solches ist universal. Wir haben ein Foto der Agentur *Associated Press.* Es wurde am 20. Mai 1997 aufgenommen, als Rebellen in Kinshasa, der Hauptstadt des Kongo (der heutigen Demokratischen Republik Kongo), Regierungstruppen gefangen nahmen. Auf dem Bild sieht man einen Soldat der Rebellen, in der Hand eine Maschinenpistole, den Fuß – genauer gesagt die Ferse – auf dem Kopf eines auf dem Boden liegenden Regierungssoldaten. Die Bildunterschrift lautet »Sieger und Besiegter« (»Victor and Vanquished«). Die Ferse trifft den Kopf. Der Rebelle unternimmt nicht den Versuch, den liegenden Mann mit seiner Ferse zu verletzen. Dafür wäre das Gewehr wesentlich effektiver. Stattdessen schreit die ganze Szene: »Schaut her, wer hier der Sieger ist!« »Ferse auf dem Kopf« heißt also »Sieger«. Und diese Position wird entweder friedlich angenommen (Psalm 8) oder gewalttätig erobert.

Psalm 8 zeichnet ein friedliches Bild, ein Bild, dass berücksichtigt, welche Rolle die Menschheit spielen sollte (1. Mose 1,28) und was es heißt, zu »unterwerfen und zu herrschen« (vgl. Psalm 72). Alles hat die richtige Rangordnung. Gott steht ganz oben (er ist die »Zehn«). Und die Menschheit ist beauftragt, als Gottes Vertreter so zu »herrschen«, dass der *Schalom* erhalten bleibt, dass die schwächeren Geschöpfe Gottes beschützt werden und die stärkeren daran gehindert, ihre Macht zu missbrauchen.

1. Mose 3,15 bietet ein feindseliges Bild. Die Schlange legt sich nicht freiwillig unter die Füße des Nachwuchses der Frau, sondern sie verliert bei dem vergeblichen Versuch, selbst Sieger zu sein. Es gibt leider nur allzu viele Bilder wie dieses Bild aus Kinshasa. Menschen kämpfen gegen Menschen, mit Maschinenpistolen und noch stärkeren Waffen. Oder aber Menschen beherrschen ihre Mitmenschen mit Angst und Machtmissbrauch und in ungerechten

Beziehungen. Das Bild von der Ferse auf dem Kopf ist wahrhaftig universal.

Doch lassen Sie uns einmal genau betrachten, was die Bibel mit diesem Bild macht. Wir beginnen mit dem Text, in dem die Parallele zu 1. Mose 3,15 am deutlichsten wird, und zwar Römer 16,19–20. Paulus schreibt an die Gläubigen in Rom und lobt sie, dass sie durch ihren Gehorsam Gott gegenüber erfolgreich Fortschritte im Kampf zwischen Gut und Böse machen. Und dann kommt die wunderbare Verheißung: *Der Gott des Friedens aber wird in kurzem den Satan unter euren Füßen zertreten* (Rev. Elberfelder). Unter wessen Füße? Die von Jesus? Nein, unter die Füße der Gläubigen. Doch, der Sieg gehört Gott (Gott wird Satan zertreten), aber die Füße sind unsere! Der Gott des Friedens (des *Schalom*) gebraucht uns, um seinen Sieg über Satan mit unseren Füßen zu vollbringen.

An anderer Stelle im Neuen Testament lesen wir, wie Jesus seine Jünger aussandte. Auf ihrer Mission bekämpften sie tatsächlich böse Mächte und trieben Dämonen aus. Als sie voller Freude Jesus davon berichteten, antwortete er: *Ja, es ist wahr: Ich habe euch Vollmacht gegeben, auf Schlangen und Skorpione zu treten und die ganze Macht des Feindes zunichte zu machen* (Lukas 10,19). Jesus gab ihnen die Vollmacht. Es waren seine Vertreter, die die Schlangen tatsächlich zertraten.

Vielleicht am eindrucksvollsten wird dieses Bild in Offenbarung 12 verwendet. Ab Vers 7 ist von der Niederlage des Feindes Gottes die Rede: *Der Drache … konnte nicht standhalten. … Er ist die alte Schlange, die auch Teufel oder Satan genannt wird …* Eine himmlische Stimme macht jubelnd bekannt: *»Jetzt ist es geschehen: Unser Gott hat gesiegt! Jetzt hat er seine Gewalt gezeigt und seine Herrschaft angetreten! Jetzt liegt die Macht in den Händen des Königs, den er gesalbt und eingesetzt hat!«* (Vers 10a). Und was rechtfertigt diese Aussage? *»Der Ankläger unserer Brüder und Schwestern ist gestürzt; er, der sie Tag und Nacht vor Gott beschuldigte«* (Vers 10b).

Und wer besiegte diese Schlange? Ohne weiterzulesen, würden wir vielleicht annehmen: natürlich Gott und sein Gesalbter. Aber der Schreiber der Offenbarung behauptet etwas anderes: *Unsere Brüder und Schwestern haben ihn besiegt*, gerade diejenigen, die vom Feind beschuldigt worden waren. Und wie konnten sie das schaffen? Hier kommt der ausschlaggebende Punkt: *»Unsere Brüder und Schwestern haben ihn besiegt durch das Blut des Lammes und durch ihr standhaftes Bekenntnis. Sie waren bereit, dafür ihr Leben zu opfern und den Tod auf sich zu nehmen«* (Vers 11). Das Blut des Lammes ermöglichte den Sieg. Nicht sein Schwert, sondern sein Blut. Der Sieg kam nicht dadurch, dass er selbst tötete, sondern indem er selbst getötet wurde. *Sie* gewannen durch sein Blut. Sie werden nicht nur beschrieben als »unsere Brüder und Schwestern«, sondern auch als Menschen, die bereit waren, ihr eigenes Leben zu geben. Sie waren Nachfolger von Jesus bis in den Tod. Sie lernten von ihm, dass der wahre Sieg nicht durch Schwert und Blutvergießen errungen wird, sondern durch Selbstaufopferung.

Der Jubel, mit dem die himmlische Stimme diese Bekanntmachung begann, wird am Ende wiederholt: *»Darum freue dich, Himmel, mit allen, die in dir wohnen! Ihr aber, Land und Meer, müsst zittern, seit der Teufel dort unten bei euch ist! Seine Wut ist ungeheuer groß; denn er weiß, er hat nur noch wenig Zeit!«* (Vers 12).

Und so wird klar: Hier wird kein Sieg angekündigt, der erst am Ende der Weltgeschichte stattfindet. Der Sieg wurde bereits errungen – aber auf Erden wird noch gekämpft. Der Theologe Jürgen Moltmann und andere beschreiben es so: »Wir leben zwischen D-Day und V-Day.« Sie beziehen sich dabei auf den Sieg der Alliierten im besetzten Europa des Zweiten Weltkrieges. Nach der erfolgreichen Invasion der alliierten Truppen in der Normandie (D-Day) war der bevorstehende Triumph der Befreiungsmacht bereits sicher. Aber es mussten noch viele Kämpfe ausgefochten, viele Verluste erlebt und viele Leben verloren werden, bevor der V-Day (*Victory Day*, der Siegestag) gefeiert werden konnte.

Wie es in dem Lied »Die Gott lieben, werden sein wie die Sonne« von Peter Strauch heißt:

Viele Tränen werden noch geweint,
und der Mensch ist noch des Menschen Feind.
Doch weil Jesus für die Feinde starb,
hoffen wir, weil er uns Hoffnung gab.

Krieg und Terror sind noch nicht gebannt,
und das Unrecht nimmt noch überhand.
Doch der Tag, er steht schon vor der Tür.
Herr, du kommst! Wir danken dir dafür.

(Text & Melodie: Peter Strauch,

Das ist das Bemerkenswerte: Der Sieg in der himmlischen Welt wurde nicht alleine von Gott, nicht alleine durch den Tod von Jesus erlangt. *Sie* haben den Feind besiegt – sie, die Nachfolger des Lammes. Aber sie gewannen den Sieg keinesfalls alleine. Sie gewannen *durch das Blut des Lammes* (Offenbarung 12,11). Wir – die Nachfolger von Jesus (eine durch den »Zweiten Adam« erneuerte Menschheit) –, sind gemeinsam mit Gott Mitgestalter der Geschichte, Mitkämpfer im noch endgültig zu gewinnenden Kampf zwischen Gut und Böse, zwischen Gott mit seinem *Schalom*-Plan und den zerstörerischen Absichten seines Feindes.

In Epheser 1 finden wir eine weitere wichtige Stelle, die wir in diesem Zusammenhang betrachten sollten. Paulus schreibt seinen Lesern, wofür er betet (Epheser 1,17–19): dass Gott ihnen den Geist der Weisheit und Offenbarung gebe, dass er ihre Augen erleuchte, sodass sie unsichtbare Realitäten erkennen. Dazu gehört auch die Tatsache, dass sie zu einer großen Hoffnung berufen sind und dass die Kraft und Stärke Gottes überragend groß ist. Und dann zeigt Paulus, wie die theologischen Themen dieses Textes zusammenpassen:

- Eine große Hoffnung wartet auf uns, auch wenn es gewagt scheint, daran zu glauben;
- unsere geistlichen Augen müssen erleuchtet werden, um dies zu erkennen;
- diese Hoffnung wird nur dann wahr werden, wenn Gott seine große Macht einsetzt;
- aber Gott hat seine Macht schon mitten in der Geschichte gezeigt: Gott hat Jesus von den Toten auferweckt.

Das Faszinierende ist, dass die Auferweckung von Jesus nicht nur ein Zeichen der Macht Gottes darstellt, damit wir auch an diese

Macht glauben können. Durch die Auferstehung wurde die Hoffnung auf den endgültigen Sieg Gottes zur Realität. Jesus kam nicht, um seine Feinde mit Gewalt zu vernichten. Er kam als der Friedensstifter, gewaltlos in seiner Treue zu Gott; bereit, sich selbst töten zu lassen; und er tat dies, weil er nie die Hoffnung aufgab, dass Gott sogar die Macht des Todes durchbrechen würde. In dem Film »Der König von Narnia« (»Die Chroniken von Narnia«) erklärt der Löwe Aslan den verwunderten Menschenkindern: »Wenn sich einer, der nichts verbrochen hat, freiwillig für einen Schuldigen opfert, dann ... weicht der Tod zurück.«

Paulus schreibt wortgewaltig und beflügelt von der Auferstehung von Jesus und was sie bewirkt. Dabei zeigt er, was dies alles mit unserem Thema zu tun hat – der Frage, wie und wann die Feinde Gottes am Kopf getroffen werden, und wer am Ende als Sieger dasteht, mit den Feinden Gottes unter seinen Füßen.

Ist es doch dieselbe Kraft, mit der er Christus von den Toten auferweckte und ihm den Ehrenplatz an seiner rechten Seite gab! Mit ihr hat Gott ihn zum Herrscher eingesetzt über alle Mächte und Gewalten, über alle Kräfte und Herrschaften dieser und der zukünftigen Welt. Alles hat Gott ihm zu Füßen gelegt und ihn zum Haupt seiner Gemeinde gemacht (Vers 20–22; Hoffnung für alle).

Die spontane Sonntagsschulantwort ist hier am Ende also doch richtig. Alles hat Gott *Jesus* zu Füßen gelegt, auch die Feinde Gottes. Gott erringt den Sieg durch Jesus und durch Jesus alleine. So sieht es jedenfalls aus, aber dann werden wir noch einmal überrascht.

Alles hat Gott ihm zu Füßen gelegt und ihn zum Haupt seiner Gemeinde gemacht. Sie ist sein Leib: Der Schöpfer und Vollender aller Dinge lebt in ihr mit seiner ganzen Fülle (Epheser 1,22–23; Hoffnung für alle). »Alles« wird von Jesus beherrscht, wird ihm zu Füßen gelegt – nur wir nicht. Wir, die wir seine Gemeinde darstellen, werden nicht unter seinen Füßen liegen. Wir werden seine Füße *sein!* Jesus ist »nur« das Haupt. Jesus und seine Gemeinde stellen gemeinsam den Sieger dar. Unter seinen Füßen heißt unter unseren Füßen, denn wir sind sein Körper.

Der Sieg gehört Jesus und deshalb auch uns. Kopf und Körper stellen zusammen den Sieger dar. Und was sind die Waffen unseres Kampfes? Nicht Schwert und Gewalt, sondern die Bereitschaft, uns selbst zu opfern, in der unsterblichen Hoffnung, dass Gott die Macht hat, sogar den Tod zu besiegen.

Das Protoevangelium von 1. Mose 3,15 findet seine Erfüllung in Jesus und in allen, die zu ihm gehören. Sie sind gemeinsam der Nachwuchs der Frau. Dies bedeutet jedoch nicht, die Kirche solle nun mit Gewalt und Macht ihren Vorteil suchen. Das hat sie leider nur allzu oft getan und manchmal tut sie es immer noch. Der Kampf gegen das Böse wird jedoch nur gewonnen, wenn wir, wie Jesus, selbstaufopfernd leben. Manchmal schließt das sogar den Tod mit ein.

Warum sollten wir 1. Mose 3–11 lesen?

Ohne diese Kapitel wüssten wir zu wenig, warum die Welt so ist, wie sie ist, wie Gott seinen Plan trotz des Bösen zum Ziel bringen wird, und welche Rolle wir dabei spielen als Empfänger der großen Gnade Gottes, als Mitkämpfer im noch anhaltenden Krieg der Geschichte, in dieser Zwischenzeit, in der der D-Day bereits hinter uns liegt, der V-Day aber noch aussteht.

Es ist noch Freitag! – Der Sonntag steht vor der Tür!

Weiterführende Fragen

1. Verstehen Sie den Bericht über den Sündenfall in erster Linie als ein einmaliges Geschehen von Adam und Eva im Garten oder als einen Hinweis darauf, dass alle in Versuchung kommen, Gottes guten Plan für die Menschheit abzulehnen?
2. »Wo bist du?«, »Wo ist dein Bruder?« (Seite 30). Wie werden diese beiden zentralen Fragen in der Bibel aufgegriffen, um uns unsere wichtigsten Verpflichtungen zu zeigen?
3. »Der Sieg gehört Jesus und deshalb auch uns. Kopf und Körper stellen zusammen den Sieger dar. Und was sind die Waffen unseres Kampfes? Nicht Schwert und Gewalt, sondern die Bereitschaft, uns selbst zu opfern, in der unsterblichen Hoffnung, dass Gott die Macht hat, sogar den Tod zu besiegen« (Seite 36f.). Wie reagieren Sie auf diese Aussage der Autoren?

Kapitel 3

Gesegnet sein - ein Segen werden
1. Mose 12-36

Mit Abraham beginnt ein völlig neues Kapitel in der Weltgeschichte. Hier geht es um einen einzelnen Menschen, um ein Ehepaar, eine sehr langsam wachsende Familie und schlussendlich um ein semitisches Volk – eines der vielen im Nahen Osten. Es geht um einen kleinen Teil der ganzen Welt. Warum konzentriert Gott sich jetzt auf Einzelne ... auf einzelne Menschen und auf ein einzelnes Volk? *Weil es Gott um die ganze Welt geht*. Dieses Paradox ist von größter Wichtigkeit.

Es geht Gott um die Welt

Es geht Gott *immer* um die *ganze* Welt. Das zeigt uns schon die Schöpfungsgeschichte (1. Mose 1–2). Die ganze Welt soll gerettet, erneuert und zu ihrem Ziel gebracht werden. Das wird an verschiedenen Stellen deutlich: in der Geschichte des Sündenfalls mit dem Protoevangelium (1. Mose 3), in der Geschichte der wachsenden menschlichen Gesellschaften (1. Mose 4–5), in der Geschichte über Gottes Gericht und den Rettungsakt in der Sintflut

(1. Mose 6–8), in der Geschichte über den neuen Bund mit Noah und dessen Nachkommen (also wieder mit der ganzen Menschheit auf der Erde; 1. Mose 9) und im Stammbaum der verschiedenen Nationen (1. Mose 10). Sogar die Geschichte des Turmbaus zu Babel (1. Mose 11) zeigt, dass alle Nationen der Welt sich von Gott abwandten und nicht mehr in Gottes Gegenwart leben (genauso wie Adam und Eva nach ihrem Fall) – und deshalb wieder zu Gott zurückgeführt werden müssen. Die ersten elf Kapitel in 1. Mose berichten immer aus einer Sicht auf die ganze Welt. 1. Mose 12 stellt den Beginn einer neuen Strategie dar, indem Gott sich auf den Einzelnen konzentriert und so seinen Plan erfüllen will, die ganze Welt zurückzugewinnen.

Gott beschloss, ein neues Volk zu schaffen, ein Gottesvolk, das beispielhaft zeigen würde, wie die Menschheit wieder in Beziehung mit Gott leben und zu Verwaltern des treuen Gottes werden kann. Gott verlieh zunächst einem Einzelnen, dann einer Großfamilie und später einem ganzen Volk einen großen Auftrag. Sie sollten der Welt vorleben, was es heißt, zu Gott zu gehören, von Gott gerettet zu werden und wiederum andere zu retten. Die ganze Welt sollte von der Macht des Feindes gerettet werden.

Gott wollte das zurückerobern, was der Feind ihm weggenommen hatte. Er wählte jedoch kein bereits bestehendes Volk aus, sondern bildete ein neues. Volksgruppen (oder Völker) sind oft durch bestimmte Merkmale gekennzeichnet. Sie entstehen, wenn sich durch örtliche Bedingungen wie Geographie, Geschichte oder Verwandtschaften allmählich äußerliche Kennzeichen wie Dialekt und Musik, Kunst und Tanz, Kleidermode und Traditionen entwickeln und so zum Ausdruck bringen, ob jemand zu der einen oder einer anderen Volksgruppe gehört. Keine Volksgruppe konnte *als Volksgruppe* den Auftrag Gottes erfüllen.

Nein, ein Volk Gottes, das erneut den großen Auftrag, den Gott den Menschen gab, aufgreifen konnte, konnte nur durch ein Wunder, ja nur durch eine Reihe von Wundern, zustande kommen. Dieses Volk musste von anderen Merkmalen gekennzeichnet sein als nur durch die üblichen Äußerlichkeiten ethnischer Gruppen.

Beginnend mit Abram, der später Abraham genannt wurde, wollte Gott ein neues Volk schaffen, das als Volk *Gottes* den Auftrag erhalten sollte, anders als die übrigen Völker der Welt zu sein. Jedes Mal, wenn dieses Volk später versuchte »wie alle Nachbarvölker« (1. Samuel 8,5) zu sein, wurde es unfähiger, den Auftrag Gottes zu erfüllen. Nur ein Volk, das *anders* war, konnte die anderen Völker wieder für Gott zurückgewinnen.

Das neue Kapitel

Als mit 1. Mose 12,1–4 ein neues Kapitel der Weltgeschichte begann, wurde dies kaum bemerkt. Es gab damals, ähnlich wie heute, mächtige Imperien und Völker, deren Einflussgebiet über Meere und Berge reichte. An dem Tag, als Gott zu Abram sprach, änderte sich für die meisten Bewohner der Erde nichts. Jahreszeiten kamen und gingen, Produkte wurden vom Feld zum Markt und dann auf den Tisch gebracht. Kriege wurden geführt und Hochzeiten und Beerdigungen gefeiert. Für die meisten blieb alles so, wie es vorher war. Aber in einer kleinen Ecke der Welt hatte Gott begonnen, einen neuen Abschnitt der Weltgeschichte zu schreiben. Wir lesen in 1. Mose 12,1–4:

> *Da sagte der Herr zu Abram: »Verlass deine Heimat, deine Sippe und die Familie deines Vaters und zieh in das Land, das ich dir zeigen werde! Ich will dich segnen und dich zum Stammvater eines mächtigen Volkes machen. Dein Name soll in aller Welt berühmt sein. An dir soll sichtbar werden, was es bedeutet, wenn ich jemand segne. Alle, die dir und deinen Nachkommen Gutes wünschen, haben auch von mir Gutes zu erwarten. Aber wenn jemand euch Böses wünscht, bringe ich Unglück über ihn. Alle Völker der Erde werden Glück und Segen erlangen, wenn sie dir und deinen Nachkommen wohlgesinnt sind.« Abram folgte dem Befehl des Herrn und brach auf …*

An einem Tag lebte Abram mit seiner ganzen Verwandtschaft in der Stadt Haran. Und schon am nächsten Tag bereitete er sich auf eine ziemlich lange und unklare Reise vor – unklar aus seiner Sicht, aber nicht aus der Sicht Gottes. Gott hatte einen Plan, einen ganz neuen Plan.

»Verlass deine Heimat!« Das neue Volk, das Gott entstehen ließ, konnte sogar ein Volk sein, obwohl es landlos war. Es wurde nicht

durch Landbesitz und Heimat definiert. Tausende Jahre später fasste ein anonymer Prediger die Geschichte so zusammen:

> *In solchem Vertrauen gehorchte Abraham, als Gott ihn rief. Er brach auf in das Land, das er als Erbbesitz bekommen sollte, und verließ seine Heimat, ohne zu wissen, wohin er kommen würde. Und in solchem Vertrauen lebte er in dem Land, das Gott ihm zugesagt hatte, als ein Fremder und in Zelten, zusammen mit Isaak und Jakob, die dieselbe Zusage bekommen hatten. Denn er wartete auf die Stadt mit festen Grundmauern, die Gott selbst entworfen und gebaut hat* (Hebräer 11,8–10).

»Verlass deine Sippe und die Familie deines Vaters!« Das Volk, das Gott sich erschaffen wollte, sollte wie alle anderen Völker der Erde auch von Vorfahren und Urahnen abstammen. Doch zugleich würde es auch einen Bruch mit der Tradition darstellen. Nicht Abrams Vater Terah würde der Urahn dieser Familie sein, sondern Abrams Vater Gott. Von nun an sollte es im Volk Gottes nicht mehr allein um Blutsverwandtschaft gehen, sondern um Brüder und Schwestern in der Familie Gottes. Jahrtausende später würde Jesus es so formulieren: *»Wer sind meine Mutter und meine Brüder?« Er sah auf die Leute, die um ihn herumsaßen, und sagte: »Das hier sind meine Mutter und meine Brüder! Wer tut, was Gott will, der ist mein Bruder, meine Schwester und meine Mutter!«* (Markus 3,33–35).

»Zieh in das Land, das ich dir zeigen werde!« Gott wollte nicht, dass Abram alles genau im Voraus wusste und sich aufgrund dieses Wissens überlegte, ob und inwieweit er bereit war, sich mit Gott auf den Weg zu machen. Abram sollte Gott vertrauen und ihm gewissermaßen einen Blankoscheck ausstellen. Gott wollte von Abram ein uneingeschränktes Ja; die Bereitschaft, Gehorsamsschritte zu wagen, ohne immer genau zu wissen, wohin diese führen würden.

»Ich will dich zum Stammvater eines mächtigen Volkes machen.« Dieses Versprechen sah zunächst nicht sehr verheißungsvoll aus: Abram war bereits 75 Jahre alt und seine Frau Sarai, die später Sara genannt wurde, war fast genauso alt. Sie waren kinderlos und sollten jetzt ein großes Volk gründen. Wie denn?

»An dir soll sichtbar werden, was es bedeutet, wenn ich jemand segne. Alle, die dir und deinen Nachkommen Gutes wünschen, haben auch von mir Gutes zu erwarten.« Schon bei der Erschaffung von Adam und Eva hatte Gott seine neue Schöpfung, die Menschheit, seine Verwalter, gesegnet. Und sofort hatte er ihnen einen Auftrag gegeben. Das macht Gott immer so. Er geht selbst den ersten Schritt und beschenkt uns Menschen mit Zuwendung, Gnade, Segen und unverdienten Zeichen seiner Liebe. Gottes Segen ist jedoch nie Privatbesitz: Er muss weitergegeben werden. Wir werden gesegnet, um für andere zum Segen zu sein.

Gleich zu Beginn hat Gott Abram wissen lassen: Es geht nicht um dich, Abram, sondern um die anderen. Es geht nicht um das Volk, das aus deinen Nachkommen entstehen wird, sondern um alle Völker der Erde. Gott will ein Gottesvolk schaffen, eine Stadt auf dem Berge, die leuchtet, damit andere den Weg zum Licht finden. Später sagte Gott dann zu Abrams Nachkommen, zur treuen Minderheit der Israeliten: *»Es ist zu wenig, dass du als mein Bevollmächtigter nur die Stämme Israels wieder zu Ansehen bringst und alle zurückführst, die von den Nachkommen Jakobs übrig geblieben sind. Ich mache dich auch zum Licht für die anderen Völker, damit alle Menschen auf der Erde durch dich meine rettende Hilfe erfahren«* (Jesaja 49,6).

Und wieder später sagte Jesus denen, die bereit sind, den Auftrag Gottes aufzugreifen: *»Ihr seid das Licht für die Welt. Eine Stadt, die auf einem Berg liegt, kann nicht verborgen bleiben. ... Genauso muss auch euer Licht vor den Menschen leuchten: Sie sollen eure guten Taten sehen und euren Vater im Himmel preisen«* (Matthäus 5,14.16).

»Abram folgte dem Befehl des Herrn und brach auf.« Gott hatte jemanden berufen, mit dem er einen neuen Anfang machen wollte. Und dieser Mann war bereit, sich auf Gott einzulassen. Seine Nachbarn haben sich vermutlich sehr über ihn gewundert. Vielleicht hat ganz Haran ihn zurückhalten wollen. »Du bist verrückt, Abram. Ein Gott will dich wegschicken? Sei vernünftig!« Wir nehmen an, dass Abrams Auszug aus Haran eine Sensation darstellte. Wir nehmen aber auch an, dass niemand wusste, dass dieser Tag im

Rettungsplan Gottes für seine Schöpfung einen riesigen Schritt vorwärts darstellte.

Versprochen ist versprochen

Gott blieb weiterhin am Werk, nicht nur in Abrams Familie, sondern überall. Die Herrlichkeit Gottes spiegelte sich weiterhin in der Schöpfung wieder. Heute noch garantiert die Treue Gottes Tages- und Jahreszeiten, den Rhythmus und die Fruchtbarkeit der Natur. In allen Menschen zeigt sich immer noch das Ebenbild des wahren Gottes. Das menschliche Gewissen weist uns alle darauf hin, dass Gott heilig ist und Erwartungen an seine Schöpfung stellt. Die Berufung Abrams stellt jedoch einen klaren Einschnitt in den Ablauf der Dinge dar. Gott zeigte, dass er von nun an am deutlichsten unter den Menschen sichtbar sein würde, die wie Abram bereit sind, auf seinen Ruf mit Vertrauens- und Gehorsamsschritten zu antworten.

Die Abramsgeschichte hat viele Wende- und Höhepunkte. Namen wurden geändert (Abram wird zu Abraham, Sarai zu Sara). Es gab viele Ortswechsel, zum Beispiel wohnten Abraham und Sara sogar eine Zeitlang in Ägypten. Es gab Spannungen in der Familie, nicht nur mit Abrahams Neffen Lot, sondern auch mit Sklaven und Dienern. Eigenmächtige Versuche, den Plan Gottes zu beschleunigen, schlugen fehl. Die Streitigkeiten zwischen Hagar und Sara, Ismael und Isaak verursachten Konflikte, die heute noch aktuell sind.

Gott hatte Abraham versprochen, er würde ihn zu einem großen Volk machen, und trotz aller Untreue seitens der Menschen blieb Gott Abraham und Sara und seinem Plan mit ihnen treu. Bernhard Ott schreibt:

> *Der Mensch lebt in der Spannung zwischen Verheißung und Erfüllung. Wer die Abrahamsgeschichte kennt, weiß, dass die Verwirklichung der Verheißung Gottes lange auf sich warten lassen kann. Abraham wurde verheißen, der Vater eines großen Volkes zu werden. Letztlich kam es gerade knapp zu einem Sohn. In dieser Spannung lebte Abraham. Das Bild der Verheißung stand täglich vor ihm. Und täglich war er neu herausgefordert, sich mit Gott auf den Weg zu machen. In einem Treuebund hatte*

> *Gott sich ihm verpflichtet, und Abraham war eingeladen, seinerseits treu zu bleiben. In einer solchen Spannung leben wir alle* (Bernhard Ott, *Schalom – Das Projekt Gottes*, Agape, Weisenheim 1996, Seite 34).

Als Gott dann tatsächlich diesem alten Ehepaar durch ein Wunder den versprochenen Sohn schenkte, verlangte er von Abraham noch einmal ein uneingeschränktes Ja. Er schickte Abraham ein weiteres Mal auf eine unbestimmte Reise, diesmal nicht mit seiner Frau Sara, sondern mit seinem Sohn Isaak. Er sollte Isaak wie ein Lamm auf einem Altar Gott darbringen, ihn weihen und dann schlachten.

Kindesopfer waren Abraham durch die religiösen Praktiken der Nachbarvölker wahrscheinlich nicht unbekannt. Sollte sein Gott das tatsächlich auch fordern? Mit dem Kind der Verheißung? Das machte absolut keinen Sinn. Aber Abraham vertraute seinem Gott und begann mit den Vorbereitungen. Der Schreiber an die Hebräer behauptet sogar: *Abraham rechnete fest damit, dass Gott auch Tote zum Leben erwecken kann. Darum bekam er auch seinen Sohn lebendig zurück – als bildhaften Hinweis auf die künftige Auferweckung* (Hebräer 11,19).

Abraham sagte uneingeschränkt Ja zu Gott, und in letzter Minute griff Gott ein und unterband das Opfer. Gott selbst schenkte ein Tier als Ersatzopfer. Es ist Gnade, wenn Gott selbst für ein Opfer sorgt. Wir schulden Gott alles, selbst unseren Atem, denn er ist unser Schöpfer und Herr. Ihm gehört unser ganzes Leben. Und wenn er Menschenleben fordern würde, hätte er immer das Recht dazu. Aber Gott ist bereit, ein Ersatzopfer anzunehmen. So bleibt es das ganze Alte Testament hindurch. Jeder, der sündigt – und das tun alle –, schuldet Gott sein Leben. Aber Gott ist bereit, ein Ersatzopfer anzunehmen.

Die Abrahamsgeschichte setzt sich dann in der Isaak-, Jakob- und Josefsgeschichte fort. Allmählich entsteht tatsächlich ein Volk. Die Geburtsumstände der Kinder sind oft ungewöhnlich, als ob Gott sagen wollte: Es handelt sich hier nicht um ein gewöhnliches Volk, das einfach durch menschliche Fortpflanzung entsteht. *Das werden sie nicht durch natürliche Geburt oder menschliches Wollen und*

Machen, sondern weil Gott ihnen ein neues Leben gibt (Johannes 1,13). Isaak wurde geboren, als seine Eltern längst viel zu alt waren, um Kinder zu bekommen. Er war ein Kind der Verheißung. In Isaaks Familie war es dann entgegen aller kulturellen Erwartung der Zweitgeborene und nicht der Erstgeborene, der die Verheißung erhielt und den Auftrag fortführen sollte. In Jakobs Familie gab es ungemein viel Streit zwischen den Ehefrauen und den Konkubinen Jakobs, und dann wieder zwischen ihren Kindern. Und doch war es der Plan Gottes, alle Söhne Jakobs zu einer Sippschaft zu formen. Nur eine Reihe von Wundern konnte dies zustande bringen. Das Volk sollte sich nicht durch die natürliche Zusammengehörigkeit einer menschlichen Familie miteinander verbunden wissen, sondern durch die Beziehung zu dem einen Gott, der zusammenführt, was ohne sein Eingreifen auseinanderfallen würde.

Von Gott erwählt

Warum wählte Gott nur ein einziges Volk aus und nicht gleich alle? Hier werden wir mit dem biblischen Thema der »Erwählung« konfrontiert. Das Thema an sich ist schwierig genug, aber wir machen es unseres Erachtens oft noch schwieriger als nötig. Zwei wichtige Punkte:

Erstens, es geht meistens nicht um die Erwählung *einzelner Menschen,* sondern um die Erwählung *eines Volkes*. Gott bringt dieses Volk durch viele Wunder zustande. Wenn einzelne Menschen von Gott berufen werden, wie zum Beispiel Abraham, dann geschieht dies in der Absicht, *ein Volk* ins Leben zu rufen oder – später – dieses Volk zu leiten, zu retten oder zu erneuern. Bei allen Berufungen geht es immer um das ganze Volk. Gott erwählte das ganze Volk. Einzelne Menschen werden nicht dazu gezwungen, eine bestimmte Rolle im Plan Gottes zu spielen, sondern sie werden dazu eingeladen und herausgefordert. Die Entscheidung, Ja oder Nein zu sagen, liegt bei den Menschen, denn Gott respektiert die menschliche Fähigkeit, echte, freie Entscheidungen treffen zu können. »Erwählung« bedeutet nicht, dass einzelne Menschen keine freie Entscheidung hätten.

Wir unterschätzen oft, wie fließend die Grenzen des ausgewählten Volkes waren. Es bestand jederzeit die Möglichkeit, dass manche Israeliten wegen ihres Ungehorsams »aus dem Volk Israel ausgeschlossen werden« (zum Beispiel 2. Mose 12,15). Und nicht selten wurden Nichtjuden durch ihre freie Entscheidung Teil des Volkes Gottes, wie zum Beispiel Rut, die entschied: *Dein Volk ist mein Volk und dein Gott ist mein Gott* (Rut 1,16). In der Regel sind es nicht einzelne Menschen, die auserwählt werden, sondern ein Volk. Wer dazu kommt, ist ein »Auserwählter«. Wer fern bleibt oder sich davon trennt, ist es nicht.

Zweitens, die Erwählung besteht nicht nur aus Privilegien, sondern auch aus Verpflichtungen. Gott erwählt zu einem Zweck. Gott ruft ein Volk ins Leben, damit alle Völker der Erde gesegnet werden können. Um dies zu verstehen, sollten wir uns mit einigen biblischen Begriffen beschäftigen.

Es gibt sicherlich nicht viele Texte, die uns mehr stören (sollten) als Römer 9,13 (wo Maleachi 1,2–3 zitiert wird): *Gott sagt: Ich liebe Jakob, Esau aber hasse ich* (eine Anspielung auf 1. Mose 25,23). Es geht hier natürlich darum, dass Gott den zweitgeborenen Jakob und nicht den erstgeborenen Esau als Träger der Verheißung und Verpflichtung erwählte.

Wir empfinden diese Erwählung als ungerecht. Wie kann ein gerechter Gott den einen aussuchen und den anderen einfach zur Seite schieben, schlimmer noch: *hassen?* Paulus spricht diese schwierige Problematik hier an *(Ich liebe Jakob, Esau aber hasse ich).* Und er fährt fort: *Folgt daraus, dass Gott ungerecht ist? Keineswegs! Er sagte ja zu Mose: »Es liegt in meiner freien Entscheidung, wem ich meine Gnade erweise; es ist allein meine Sache, wem ich mein Erbarmen schenke.« Es kommt also nicht auf den Willen und die Anstrengung des Menschen an, sondern einzig auf Gott und sein Erbarmen* (Römer 9,14–16).

Diese Stelle wird oft so verstanden, als bedeute sie: »Gott darf nun mal ungerecht handeln. Er erbarmt sich des einen, aber nicht des anderen. Warum auch nicht? Er ist letztendlich Gott und darf somit tun und lassen, was er will. Wir Menschen haben dazu nichts zu sagen.« Diese Ansicht widerspricht jedoch vielem, was wir an anderen Stellen der Bibel finden. Gottes Gerechtigkeit ist allen offenbart. Es ist Gott wichtig, dass alle seine Gerechtigkeit erkennen und verkünden (Psalm 98,1–3). Gott ist nicht willkürlich wie Menschen oder die kapriziösen Götter der Heiden (4. Mose 23,19; 5. Mose 31,8). Gott liebt bedingungslos und beschenkt Gute wie Böse (Matthäus 5,44–45). Aber was will Paulus dann in Römer 9 ausdrücken?

Im Römer 9,13 verwendet Paulus eine Redewendung. Und Redewendungen lassen sich bekanntlich nur schwer übersetzen. Direkte, wörtliche Übersetzungen sind meist irreführend. Zum Beispiel lässt sich der deutsche Ausdruck: »Er fuhr mit einem Affenzahn« nur schwer ins Englische übersetzen – »He drove with a monkey's tooth« ergibt kaum Sinn. Umgekehrt hört sich die wörtliche Übersetzung der englischen Redewendung: »His idea was out in left field« ins Deutsche äußerst befremdlich an: »Seine Idee war weit draußen im linken Feld.«

Im Deutschen bedeutet das Wort »hassen« nichts anderes als eben hassen – soziale Ablehnung, Anfeindung, Animosität, negative Reaktionen. In der damaligen hebräischen Kultur wurde dieses Wort jedoch auch als Redewendung gebraucht. »Lieben« bedeutete dann, »jemandem den Vorrang geben«. Und »hassen« bedeutete, *»dem anderen* den Vorrang geben«. Wir können das deutlich in Lukas 14,26 erkennen, wo Jesus sagt: *»Wenn jemand zu mir kommt und hasst nicht seinen Vater, Mutter, Frau, Kinder, Brüder, Schwestern und dazu sich selbst, der kann nicht mein Jünger sein«* (Lutherübersetzung). Natürlich fordert Jesus uns nicht auf, unsere Familie zu hassen. Genauso wenig wurde Esau gehasst. Auch die Einheitsübersetzung ist an dieser Stelle kaum besser: *»Wenn jemand zu mir kommt und nicht Vater und Mutter, Frau und Kinder, Brüder und Schwestern, ja sogar sein Leben gering achtet, dann kann er nicht mein Jünger sein.«* Will Jesus, dass uns unsere Familie völlig unwichtig ist (oder zumindest fast)? Ist Esau für Gott nicht wichtig? Die Hoffnung für alle übersetzt diesen Vers so: *»Wenn einer mit mir gehen will, so muss ich für ihn wichtiger sein als seine Eltern, seine Frau, seine Kinder, seine Geschwister, ja wichtiger als das eigene Leben. Sonst kann er nicht mein Jünger sein«* (siehe auch Matthäus 10,37). Es geht nicht um ein buchstäbliches Lieben oder Hassen. Es geht auch nicht darum, wem wir viel oder wenig Achtung entgegenbringen. Es geht um den *Vorrang* – wen wir an die erste oder zweite Stelle setzen.

Einige andere Bibelstellen unterstreichen diese Auslegung. Matthäus 6,24 verwendet ebenfalls die griechische Redewendung und sagt (wörtlich): *»Niemand kann zwei Herren dienen ... er wird den einen hassen und den andern lieben«* (Lutherübersetzung). Natürlich kann man zwei Herren dienen, allerdings nur solange sie nicht widersprüchliche Befehle ausgeben. Dann muss man dem einen *oder* dem anderen den Vorrang geben. Wenn mein Arbeitgeber von mir etwas erwartet, was mein Herr (Jesus Christus) verbietet, dann muss ich meinen Herrn »lieben« und meinen Arbeitgeber »hassen«. Nur würde man es im Deutschen nicht so ausdrücken. Wir würden es vielleicht eher wie Petrus in Apostelgeschichte 5,29 sagen: *»Gott muss man mehr gehorchen als den Menschen.«*

Zurück zum Thema: Jakob bekam also den Vorrang und Esau rückte an die zweite Stelle. »Immer noch ungerecht!«, denken wir vielleicht. Nicht unbedingt. Gott hasste Esau nicht. Er erwählte Jakob, damit dieser wie Abraham anderen (und damit auch Esau) zum Segen sein sollte.

Wenn unser Ehepartner, unsere Ehepartnerin die allerwichtigste Person in unserem Leben darstellt, dann hat er bzw. sie es gut, oder? Hoffentlich zumindest! Was aber, wenn sie in unserem Herzen und in unseren Prioritäten an zweiter Stelle, hinter *Jesus*, stehen? Sind sie dann schlechter dran? Das bezweifeln wir: Sie haben es noch viel besser!

Wenn wir Jesus treu nachfolgen, ihn also »mehr lieben« (siehe Matthäus 10,37), dann werden wir unsere Familie noch mehr schätzen und von Herzen lieben, als wenn wir Jesus *nicht* den ersten Platz einräumen. Gott mehr zu lieben, ist eindeutig zum Vorteil und nicht zum Nachteil der Menschen, die wir lieben. Und wenn Gott jemandem den Vorrang gibt (wie hier Jakob), dann soll dies immer zum Vorteil und nicht zum Nachteil auch der anderen geschehen (wie zum Beispiel Esau). Wenn das auserwählte Volk Gottes seinem Auftrag tatsächlich gerecht wird, dann werden alle davon profitieren. Dann wird die Abrahamsgeschichte ihr Ziel erreichen.

Dies waren nun einige Stichproben aus einem langen Text, 1. Mose 12–36. Die Geschichte erzählt viel von den ersten drei Generationen des alttestamentlichen Volkes Gottes. Gott hatte Abraham versprochen: Ich werde *»dich segnen! Deine Nachkommen mache ich so zahlreich wie die Sterne am Himmel und die Sandkörner am Meeresstrand«* (1. Mose 22,17). Am Ende von 1. Mose sind es knapp 70 – Jakob, seine Kinder und Enkel. Sie gehören zu einem Familienstamm, aber Gott ist dabei, klarzumachen: Es geht nicht um Verwandtschaft, nicht um Sitten und Gebräuche, nicht um Kultur und Sprache, nicht um einen gemeinsamen geographischen oder geschichtlichen Hintergrund. Es geht um Gottes Verheißung und um den Bund, den Gott mit denjenigen schließt, die auf seinen Ruf und seine Rettung mit einem entschiedenen Ja antworten. Nur so entsteht ein Volk Gottes. Hätte Gott sich ein ganz gewöhnliches ethnisches Volk aussuchen wollen, hätte er viel Auswahl gehabt. Aber Gott wollte ein außergewöhnliches Volk und so schuf er es, besser gesagt: er ist immer noch dabei, genau das zu tun.

Warum sollten wir 1. Mose 12–36 lesen?

Warum sollten diese alten Geschichten über die Entstehung des alttestamentlichen Volkes Israel heute noch für die Gemeinde von Jesus relevant sein? Ganz einfach: Dies ist auch unsere Geschichte. Wir sind Kinder Abrahams. Wir werden im Neuen Testament Gottes »Israel« genannt. Die wichtigsten Begriffe, die sich im Alten Testament auf Israel beziehen, werden im Neuen Testament auf uns bezogen. Dies bedeutet jedoch auf keinen Fall, dass die Gemeinde von Jesus Israel *ersetzt* hat. Diese Fehlinterpretation hat unendlich viel Schaden angerichtet. Aber darauf kommen wir später noch ausführlicher zurück.

Weiterführende Fragen

1. »Es geht Gott immer um die ganze Welt« (Seite 38). Wie zeigen die ersten drei Kapitel dieses Buches (die ersten 36 Kapitel der Bibel), dass Gott immer die ganze Menschheit im Blick hat, auch wenn er an Einzelnen handelt?
2. Wie zeigt sich in der Abrahamsgeschichte, dass Folgendes stimmt: »Das Volk sollte sich nicht durch die natürliche Zusammengehörigkeit einer menschlichen Familie miteinander verbunden wissen, sondern durch die Beziehung zu dem einen Gott, der zusammenführt, was ohne sein Eingreifen auseinanderfallen würde« (Seite 45)?
3. »Und wenn Gott jemandem den Vorrang gibt, dann soll dies immer zum Vorteil, und nicht zum Nachteil auch der anderen geschehen« (Seite 48). Wie wird diese Erklärung der »Erwählung« in der Bibel oder auch in Ihrer Erfahrung bestätigt?

Kapitel 4

Gott, der treue Erretter
1. Mose 37 bis 2. Mose 15

Im dritten Kapital beschäftigten wir uns hauptsächlich mit Abraham und seinen Enkeln Jakob und Esau. Gott erwählte Abraham und seine Frau Sara und beschritt gemeinsam mit ihnen einen neuen Weg, um die ganze Welt wieder zu sich zurückzubringen. Sie beantworteten den Ruf Gottes mit einem Ja. Das heißt, sie waren bereit, sich auf ein Wagnis mit Gott einzulassen, einen Weg zum Wohle aller. Es sollte ein langer Weg werden. Im Verlauf von Jahrhunderten sollte ein ganz neues Volk entstehen, das auf Gottes Wort hören und in seinem Segen leben würde. Dieses Volk würde sich von anderen Völkern unterscheiden. Bei ihnen sollte es keinen Machtmissbrauch und keine Armut geben, denn alle würden wissen, dass letztendlich aller Besitz Gott gehört und dass sie als Menschen nur die Verwalter der Güte Gottes sind und deshalb bereitwillig denen helfen sollen, die sonst unter die Räder kämen. Außenstehende würden das staunend beobachten und den Gott Israels kennenlernen wollen. Israel würde selbst gesegnet sein, aber letztendlich würde Gott durch Israel alle Völker der Erde segnen.

Von Gott auserwählt zu sein, beinhaltet sowohl Privilegien als auch Verpflichtungen. Gott hat immer die ganze Welt im Auge. Jakob wurde erwählt, aber dies sollte Esau zum Vorteil und nicht zum Nachteil dienen. Israel wurde erwählt, aber auch dies sollte den Ägyptern, den Amoritern, den Kanaanitern und allen anderen Völkern der Erde zum Vorteil und nicht etwa zum Nachteil gereichen.

Am Ende des ersten Buches der Bibel zählen sich gerade mal knapp 70 Menschen zu diesem Volk Gottes. Und sie befinden sich noch nicht einmal im verheißenen Land: Sie leben in Ägypten. Wie sie dort gelandet sind, wird am Schluss von 1. Mose anschaulich berichtet. Es begann mit Josefs Träumen (1. Mose 37) ...

Ein nicht gerade vorbildliches Volk

Träume kommen selten aus dem Nichts. Wenn jemand davon träumt, dass all seine Geschwister und sogar seine Eltern vor ihm niederfallen und ihm huldigen, dann kann man nur hoffen, dass ein solcher Traum nichts mit der Wirklichkeit zu tun hat. Leider war in der Familiengeschichte Abrahams bereits genug geschehen, was einem solchen Traum Anhaltspunkte geben konnte. Der Streit zwischen Hagar und Sara (1. Mose 16,4–5) setzte sich bei ihren Söhnen Ismael und Isaak fort (1. Mose 21,9). Isaaks Frau Rebekka schmiedete zusammen mit ihrem Sohn Jakob ein Komplott, um sowohl Isaak als auch Esau zu betrügen (1. Mose 27). Die Auswirkungen dieser Geschehnisse waren enorm: Enttäuschung, Hass, Angst und endloser Streit zwischen ihren Nachkommen.

Diese zerrütteten Familienverhältnisse setzten sich in Jakobs Familie fort. Er heiratete zwei Schwestern und zeugte nicht nur mit ihnen, sondern auch mit zwei Konkubinen Kinder. Die ganze Erzählung sowie die Namen der Kinder selbst sind von der Eifersucht und dem Streit der beiden Frauen geprägt (1. Mose 29,31ff.). Als Jakobs Lieblingsfrau dann endlich einen Sohn gebar, wussten bald alle: *Jakob hatte Josef von allen seinen Söhnen am liebsten* (1. Mose 37,3).

Ist es da verwunderlich, dass Josef aus der Sicht seiner Familie schon als Teenager einen gewissen Größenwahn an den Tag legte? Dass er solche Träume auch noch öffentlich erzählte, zeigt, wie selbstsicher und ahnungslos er dabei war. Seine Brüder hassten ihn. Kein Wunder!

Manche behaupten, dass wir in allen Urvätergeschichten des Alten Testaments von den Sünden und Fehlern dieser Patriarchen erfahren, allein über Josef werde nur Gutes berichtet. Aber auch Josef hatte Fehler und Schwächen; auch sein Leben war von Gutem und Bösem gekennzeichnet, genauso wie das von Abraham, Isaak und Jakob und natürlich ebenso von Sara, Rebekka und Rahel.

Gott ließ ein Volk entstehen, aber es scheint, als sei dieses Volk zunächst alles andere als vorbildlich gewesen. Es war wenig besser als andere Völker, die den wahren Gott nicht kannten. Somit war von Anfang an klar: *Es ist keine menschliche Errungenschaft, zu Gottes Volk gehören zu dürfen.* Das ist keine Gegenleistung für gutes Verhalten. Man könnte fast sagen: Wenn Gott sich aus den Nachkommen Abrahams ein Volk schaffen konnte, dann hätte er jeden dafür aussuchen können. Und genau das ist der ausschlaggebende Punkt: Volk Gottes zu sein, ist ein Geschenk.

Gott versprach Abraham, seine Nachkommen so zahlreich zu machen *wie die Sterne am Himmel und die Sandkörner am Meeresstrand* (1. Mose 22,17). Und Gott hielt sein Versprechen. Gott bleibt seinem Plan treu, auch wenn Menschen versagen.

Menschliches Planen und Gottes Plan – Josef

Ihr hattet Böses mit mir vor, aber Gott hat es zum Guten gewendet; denn er wollte auf diese Weise vielen Menschen das Leben retten (1. Mose 50,20).

Als Reaktion auf Josefs Träume und seine Bevorzugung durch ihren Vater rächten sich seine Brüder an ihm und verkauften ihn an midianitische Kaufleute, die ihn wiederum an einen Beamten in Ägypten weiterverkauften (1. Mose 37,27.36). Dort landete er aufgrund einer falscher Anschuldigung im Gefängnis. Später wurde der Träumer zum Traumdeuter und erlebte durch Gottes Gnade Befreiung und Beförderung, bis er sogar die Gunst des Pharaos gewann und zum zweitmächtigsten Mann des Imperiums wurde. Seine Hauptaufgabe war es, das Volk vor der bevorstehenden Dürre und Hungersnot zu retten. Diese ganze spannende Geschichte wird in 1. Mose in den Kapiteln 37 bis 41 erzählt.

Und so erfüllten sich die Hoheitsträume Josefs dann doch. Zu denen, die vor einer Hungersnot gerettet wurden, gehörte auch seine eigene Familie, seine Brüder, die ihn hatten loswerden wollen, und sein Vater, der an dem ganzen Streit nicht unschuldig gewesen war. *Ihr hattet Böses mit mir vor, aber Gott hat es zum Guten gewendet.* Die Josefsgeschichte ist ein wunderbares Beispiel für Gottes Aussage: *So hoch der Himmel über der Erde ist, so weit reichen meine Gedanken hinaus über alles, was ihr euch ausdenkt, und so weit übertreffen meine Möglichkeiten alles, was ihr für möglich haltet* (Jesaja 55,9).

Gott respektiert die Entscheidungsfreiheit, die er uns gab. Aber selbst aus unseren böse gemeinten Plänen schmiedet Gott gute Pläne und bringt sie trotz unserer (und manchmal sogar durch unsere) Verfehlungen in Erfüllung. Die Josefsgeschichte ist in mancher Hinsicht Vorreiter der Geschichte von Jesus. Der Vergleichspunkt ist dabei nicht etwa Josefs Unschuld: Josef war ganz und gar nicht unschuldig. Nein, der Punkt ist der, dass alle böse gemeinten Pläne, die gegen den Plan Gottes gerichtet sind, sich am Ende als vergeblich erweisen. Gott meint es gut mit uns und kann sogar Böses in Gutes verwandeln. Josef wurde verkauft, unter falscher Anklage inhaftiert und dann lange Zeit vergessen, aber am Ende rettete er seine Familie, seinen Stamm und noch viele andere Menschen dazu. Jesus wurde missverstanden, missachtet und missbraucht, sogar gekreuzigt – alles Dinge, die böse gemeint waren. Aber am Ende stand er als der Sieger und Retter seines Volkes und der ganzen Welt da.

Gerettet, um Retter zu werden – Mose

Wenden wir uns dem nächsten Glaubenshelden zu, dem nächsten Mann, der seine Macht missbrauchte, aber auch dem nächsten Diener Gottes, der auf Jesus hindeutet: Mose. Am Ende von 1. Mose wird berichtet, dass etwa 70 Menschen zum Volk Gottes gehörten. Nur neun Verse später (also 2. Mose 1,9) lesen wir etwas Erstaunliches: Der König des mächtigsten Imperiums am Mittelmeer beklagte sich: *»Ihr seht, dass die Israeliten zahlreicher und mächtiger sind als wir«* (Hoffnung für alle). Das war natürlich eine Übertreibung. Wären sie tatsächlicher stärker als die Ägypter gewesen, wäre kein Rettungsakt Gottes nötig gewesen, um sie aus der ägyptischen Knechtschaft zu befreien. Aber ihre Zahl hatte sich anscheinend schnell vermehrt und das Volk Gottes stellte inzwischen eine große Menschenmenge dar. Es scheint, als hätte der Plan Gottes sich jetzt schnell entwickelt: Abrahams Kinder waren tatsächlich viele, wenn auch nicht ganz so zahlreich wie die Sterne am Himmel und der Sand am Meer.

Aber gerade darin lag das Problem: Die Ägypter hatten Angst vor der Stärke des hebräischen Volkes. Und so versklavten sie die Hebräer, und dann ermordeten sie auch noch ihre Kinder und warfen alle männlichen Nachkommen in den Nil (2. Mose 1,22). Was würde nun aus dem Plan Gottes werden? Gott griff mit einer Rettungsaktion ein. Zuerst wurde der zukünftige Retter, Mose, selbst gerettet und viele Jahre später benutzte Gott ihn, um das ganze Volk zu retten. Bei der Rettung des Babys Mose benutzte Gott kluge Pläne, die Menschen geschmiedet hatten. Bei der Rettung Israels griff Gott mehrmals direkt ein. Mit oder ohne große Wunder – Gott ist mächtig am Werk.

Manche Menschen sind in ihrer Generation etwas Besonderes. Mose wurde in einer Zeit geboren, in der alle männlichen Nachkommen Israels getötet wurden (2. Mose 1,22). In seiner ganzen Volksgruppe gab es wohl nur wenige gleichaltrige Männer (und trotzdem heiratete er im Ausland ☺). In der nächsten Generation ging es Josua ähnlich: Alle erwachsenen Männer seiner Generation waren in der Wüste gestorben. Es scheint, als war er einer von nur zwei Männern, die bereits in Ägypten gewesen waren und dann auch ins verheißene Land ziehen durften (Josua 5,4; 4. Mose 14,21–24.30). Viel später war es Jesus, der als einziger gerettet wurde, als Herodes die Kinder Bethlehems umbringen ließ (Matthäus 2,16). Der Punkt, um den es hier geht: Wenn Gott jemanden für eine besondere Aufgabe aussucht, dann finden wir oft Hinweise darauf, dass dieser Mensch von Gott ausgesondert und bewahrt wurde. Menschen können viel Schaden anrichten, aber sie können Gottes gute Pläne nicht durchkreuzen.

Die Geschichte von der Rettung des Babys Mose kennen die meisten aus dem Kindergottesdienst (siehe 2. Mose 2,1–10). Mose hatte eine einfallsreiche und risikobereite Mutter, die alles tat, um ihr Baby zu retten. Zuerst riskierte sie es, ihren Sohn drei Monate lang zu verstecken. Dann setzte sie das Baby in einem selbstgebastelten »Boot« im Nil aus und ihre Tochter, Mirjam, als Wächterin daneben. Wahrscheinlich wusste sie, dass die Tochter des Pharao hier regelmäßig baden ging. Als die den weinenden Mose tatsächlich entdeckte, war sie bereit, das Kind zu adoptieren. Die einfallsreiche Mirjam sorgte dann dafür, dass die leibliche Mutter des kleinen Mose dafür bezahlt wurde, ihren eigenen Sohn zu stillen, bis Mose alt genug war, um im Haushalt des Pharaos erzogen zu werden.

Mose war als Kind gerettet worden – vor dem Pharao, aber nicht vor sich selbst. Er wurde zum Mörder, als er in einen Streit eingriff und einen gewalttätigen Ägypter erschlug. Als die Tat ans Licht kam, floh er ins Ausland. Die erste Hälfte seiner Ausbildung war abgeschlossen. Obwohl er Hebräer war und sich mit seinem ethnischen Volk identifizierte, wurde er im Haus des Pharaos erzogen und sprach so die Sprache des Landes, kannte seine Kultur, und lernte, mit Mächtigen umzugehen. Keine schlechten Voraussetzungen, um die Befreiung seines Volkes mit dem Hause Pharaos auszuhandeln.

Jetzt kam die zweite Hälfte seiner Ausbildung. Er musste lernen, auf Gottes Timing zu warten und nicht gleich einzugreifen, wenn er Ungerechtigkeiten erblickte. Er musste lernen, der ganz normalen Arbeit eines Schafhirten nachzugehen. Er würde später eine sehr große, störrische »Herde« leiten müssen und dafür viel Geduld benötigen. Er musste lernen, Gottes Gegenwart zu erkennen, nicht nur im brennenden Dornbusch, sondern auch in Worten der Offenbarung und Beauftragung (1. Mose 3,1–10). Er, Mose, sollte das Volk Gottes aus der Sklaverei retten. Er musste lernen, dass Gott keine Ausreden hören wollte, nicht einmal eine Litanei seiner Unfähigkeiten und Unzulänglichkeiten. Gott wollte jemanden gebrauchen, der wusste, dass er es ohne Gottes Beistand und Hilfe nicht schaffen würde. Er musste lernen, dass Gott keine Einzelgänger als Leiter seines Volkes haben wollte. Auch sein Bruder und seine Schwester würden wichtige Rollen spielen – und später dann weitere 70 Führer, die Gott alle mit seinem Geist erfüllte (4. Mose 11,16–17.24–25).

Mose musste vor allem lernen, was Gott eigentlich vorhatte. Nirgendwo in der Bibel wird so deutlich, was Gott mit seinem Volk vorhatte, wie in der Berufung des Mose. In 2. Mose 6,2–8 spricht Gott mit diesem Mann und macht ihm unmissverständlich klar:

- *Gott ist ein Gott mit einem Namen: Jahwe* (der HERR). Das heißt, dass Gott ein persönlicher Gott ist, der mit seinem Volk in Beziehung leben möchte. Der Name bedeutet: »*Ich bin*« – ich bin *da*; ich bin *für euch* da; ich bin der treue Gott, auf den ihr euch verlassen könnt (Vers 2).
- *Gott ist ein Gott der Geschichte; ein Gott, der die Geschichte gestaltet*. Es war der gleiche Gott, der Jahrhunderte zuvor Abraham, Isaak und Jakob erschienen war und sich ihnen damals als der Allmächtige offenbart hatte. Jetzt wird der Allmächtige wieder Erstaunliches tun, aber diesmal als »Jahwe«, als der, der auf der Reise mitgeht (Vers 3).
- *Gott ist ein Gott mit einem guten Gedächtnis*. Gott hatte Israels Vorfahren ein Land versprochen, und er würde sein Versprechen halten. Gott hatte sogar einen Bund mit ihnen geschlossen, und dieser Bund galt noch immer, weil Gott ein treuer Gott ist (Vers 4–5).
- *Gott ist ein Gott des Erbarmens und der Gerechtigkeit*. Wenn Menschen unterdrückt werden, wenn sie unter Ungerechtigkeit Höllenqualen leiden, dann reagiert Gott. Manchmal greift er direkt ein; manchmal beauftragt er andere, den Leidenden zur Seite zu stehen. Er leidet immer mit ihnen mit, bis der Zeitpunkt kommt, den Spieß umzudrehen (Vers 5).
- *Gott ist ein Gott der Errettung*. Gott respektiert die menschliche Freiheit, manchmal sogar dann, wenn Menschen sich dafür entscheiden, ihre Mitmenschen und selbst das Volk Gottes ungerecht zu behandeln. Manchmal sagt Gott jedoch auch: Genug ist genug! *Mit meinem ausgestreckten Arm werde ich euch retten und eure Unterdrücker hart bestrafen* (Vers 6).
- *Gott ist ein Gott mit einem Volk. Ich will euch als mein Volk annehmen und will euer Gott sein* (Vers 7). Es geht letztendlich nicht um eine private Beziehung zwischen einem Menschen

und seinem Gott. Gott erwählte *ein Volk* und wollte dieses Volk retten, begleiten, formen und letztendlich benutzen, um alle Völker der Erde zu segnen.

- *Gott ist ein Gott der Offenbarung: Dann werdet ihr erkennen, dass ich der Herr bin, euer Gott* (Vers 7). In diesem Text war Gott gerade dabei, Mose sein Vorhaben zu erläutern. Er kündigte an, sich und seinen Willen weiterhin zu offenbaren – durch prophetische Worte, durch einen aufgeschriebenen Bund, durch Schriften. Gott offenbarte sich und seinen Plan auf vielfältige Weise, damit sein Volk ihn kennen und seinen Plan verstehen lernen konnte.
- *Gott ist ein Gott des Lebens: Ich bringe euch in das Land* (Vers 8). Das Land stellte nicht nur einen geografischen Ort dar. Es war ein Freiraum zum Leben. Dort zu leben war Segen, aber auch Auftrag. Israel sollte im verheißenen Land so leben, dass alle Völker der Erde erkennen konnten: Dort ist Leben, dort ist Schalom, dort ist Gottes Schöpfung wieder »sehr gut«.

Was für ein Auftrag! Ob irgendjemand dazu fähig war? Ob überhaupt ein Volk diesen Auftrag erfüllen konnte? Nicht solange die Israeliten als Sklaven der Ägypter stöhnten (2. Mose 6,5).

Der Auszug aus Ägypten

Die Errettung geschah über Nacht, aber die Vorbereitungen dazu zogen sich über einen längeren Zeitraum hin. Mose und sein Bruder Aaron konfrontierten den Pharao und sagten: *Lass mein Volk ziehen!* (2. Mose 5,1). Nach Verhandlungen (nicht ohne Hinterlist, siehe 2. Mose 5,3), nach vielen schweren Plagen, nach zahlreichen gebrochenen Versprechen seitens des Pharaos kam es zum letzten *Showdown*. Gott hatte angekündigt, Pharao und die Unterdrücker zu bestrafen und sein Volk zu befreien. Die Israeliten bereiteten das erste Passafest vor, ein Fest der Befreiung, das die Opferung eines Lammes und das Anstreichen der Türpfosten mit dessen Blut mit einschloss. Gott versprach: *Eure Türen aber sollen durch das Blut bezeichnet sein. Überall, wo ich dieses Blut sehe, werde ich vorübergehen, und so werdet ihr verschont bleiben, wenn ich strafend durch ganz Ägypten gehe* (2. Mose 12,13). Wer aber kein Blut an der Tür hatte, sprich die Ägypter, verlor in jener Nacht den erstgeborenen Sohn.

Die Reaktion folgte schnell. *Noch in derselben Nacht ließ der Pharao Mose und Aaron rufen und drängte sie: »Schnell, verlasst das Land! Geht fort von meinem Volk, ihr und die anderen Israeliten! Bringt dem Herrn eure Opfer, wie ihr es verlangt habt«* (2. Mose 12,31). Und so entkamen die Israeliten ihren Unterdrückern. Ein weiteres Mal änderte der Pharao seine Meinung und schickte seine ganze Armee hinter den fliehenden Israeliten her. Dieses Mal öffnete Gott sogar das Meer, damit Israel es durchqueren konnte, und schloss es wieder, um die Armee der Ägypter zu verschlingen.

Es ist anzunehmen, dass der Verfasser dieses Textes nicht versuchte, alle Einzelheiten bis ins kleinste Detail festzuhalten. Wir können also nicht mehr feststellen, ob nicht auch andere Faktoren eine Rolle spielten: Wer weiß, welche dämonischen Mächte beteiligt waren, welche internen Machtkämpfe im Palast des Pharaos ausgetragen wurden, inwieweit der Aberglaube der Ägypter eine Rolle spielte ... In der Bibel werden Wunder häufig einfach als solche bezeichnet, auch ohne eine detaillierte Schilderung. In diesem Fall ist klar, dass Gott einen Wind gebrauchte, um einen Weg durchs Wasser zu bahnen. An anderen Stellen wird uns nicht näher erklärt, wie Gott ein Wunder vollbrachte. Und ob diese ganze Reihe von Wundern damals auch immer alle sofort als solche erkannt wurden, können wir ebenfalls nicht mehr feststellen. Später war den Israeliten jedenfalls unmissverständlich klar: Gott griff hier gewaltig ein, um Israel von seiner Knechtschaft in Ägypten zu befreien. Es war ein Wunder Gottes. Bernhard Ott drückt es treffend aus:

> *Als Israel befreit war, als man begann, zurückzublicken und später die Geschichte der nächsten Generation zu erzählen, war es für Israel ganz klar: Die Tatsache, dass wir da herausgekommen sind, ist ein Wunder Gottes. Die Tatsache, dass wir in Freiheit leben können, ist nicht unserem Schaffen, sondern Gottes Eingreifen zu verdanken* (*Schalom – Das Projekt Gottes*, Seite 43).

In der Art und Weise, wie die Geschichte berichtet wird, sehen wir, dass sich auch ein »höherer Kampf« abspielte. Es ging um mehr als einen bloßen Kampf zwischen Menschen, mehr als den geistigen Wettstreit konkurrierender Leiter zweier Nationen, mehr als einen sozialen Kampf zwischen Unterdrückern und Sklaven, mehr als zwei Volksgruppen in einem Machtkampf, mehr als einen Befreiungskrieg.

Am Anfang war der Feind Gottes als Schlange erschienen. Der Feind Gottes stand auch hinter den Ungerechtigkeiten, die Gott hier bekämpfte. Böse Mächte waren am Werk. Gott tat große Wunder und da rief der Pharao *seine Magier und Beschwörer, und sie vollbrachten mit ihren Zauberkünsten dasselbe* (2. Mose 7,11). Der Feind Gottes wollte mit Hilfe der Ägypter den Plan Gottes für sein Volk und für die Welt blockieren. Gott besiegte den Feind jedoch und stand für Israel ein, damit es den großen Plan für die Errettung der Welt voranbringen konnte. Wenn Gott für sein Volk Gerechtigkeit schaffen will, dann muss er und auch es selbst mit Widerstand rechnen. Gott ist jedoch stärker als alle seine Feinde und Israel erkannte dies. Die Hebräer sangen jubelnd:

> *»Welch großer Kämpfer ist er, dieser Gott! Das kündet uns sein Name: ›Ich bin da!‹ ... Herr, deine Hand erringt den Sieg, sie ist voll ungeheurer Macht, und sie zerschmettert jeden Feind. ... Singt, alle, singt, dem Herrn zu Ehren, denn er hat siegreich seine Macht gezeigt: Ins Meer geworfen hat er Ross und Mann!«* (2. Mose 15,3.6.21).

Eine Vielzahl von Sklaven war aus ihrer Knechtschaft befreit worden. Aus ihnen wollte Gott nun sein Volk formen. Er wollte einen Bund mit ihnen schließen, seine Treue versprechen, ihre Treue gewinnen. Gott wollte diesem Volk all das zeigen, was er schon Mose erklärt hatte: Gott ist persönlich, hat einen Namen und offenbart sich. Gott hat Erbarmen, schafft Gerechtigkeit und versorgt und führt sein Volk. Gott gestaltet die Geschichte und will Israel dafür gewinnen, Mitgestalter der Heilsgeschichte zu werden. Gott schenkt Leben, überfließendes Leben, wenn das Volk Gottes sich wirklich auf seinen guten Plan einlässt. Das sehen wir uns im folgenden Kapitel näher an. Doch zuvor beschäftigen wir uns noch kurz mit einem anderen Thema.

Leiter als Vermittler und Vertreter Gottes

Manchmal lesen Christen diese Geschichten des Alten Testaments und übertragen die Aussagen dann direkt auf das heutige Thema »Gemeindeleitung«. Wir halten diese Praxis für fragwürdig. Im Alten Testament tauchen immer wieder einflussreiche, bevollmächtigte Leiter auf. Manche sind daher der Überzeugung: »So stellt Gott sich Leitung vor, zum Beispiel in einer Gemeinde – starke Führungspersönlichkeiten gehen dem Volk voran.« Wenn wir jedoch genauer hinschauen, stellen wir fest, dass diese Sichtweise nur teilweise für das Alte Testament zutrifft und auf keinen Fall für die neutestamentliche Zeit.

Im Alten Testament beruft und befähigt Gott tatsächlich einzelne Menschen, die sich als »Berufene« vom normalen Volk unterscheiden. Sie besitzen Sondertitel, sind in besonderer Weise mit dem Geist Gottes ausgerüstet und fungieren als »Mittler« für das ganze Volk.

Es gab zum Beispiel *Propheten* (die ersten beiden, die in der Bibel so genannt werden, waren nicht etwa Mose oder Elia, sondern Abraham [1. Mose 20,7] und Mirjam [2. Mose 15,20]). Mose war ein großer Prophet: *Nie mehr gab es in Israel einen Propheten wie Mose, mit dem der Herr Auge in Auge gesprochen hat* (5. Mose 34,10). Es wird oft ausdrücklich gesagt, dass die Propheten den Geist Gottes besaßen (zum Beispiel 4. Mose 11,17.25; 1. Samuel 10,11). Sie waren Sprachrohre Gottes. Gott sprach, sie hörten und sagten es weiter und so hörte dann das ganze Volk von Gott. Sie waren Mittler des Wortes Gottes.

Es gab auch *Priester*. Die Institution des Priestertums begann bei den Israeliten mit Aaron, Moses Bruder. Alle Priester wurden in einer Zeremonie mit einer besonderen Kleidung und mit Salböl geweiht. Auch sie waren »Mittler« zwischen Gott und den Menschen. Sie nahmen die Opfergaben entgegen und gaben sie an Gott weiter. Sie sprachen als Stellvertreter Gottes Vergebung aus. Nicht jeder konnte direkt in die Gegenwart Gottes treten; das mussten die Priester stellvertretend tun.

Später gab es auch *Richter*. Sie wurden ebenfalls mit dem Geist Gottes ausgerüstet (zum Beispiel Richter 3,10; 6,34), damit sie das Volk als Vertreter Gottes führen konnten. Ihr Urteil galt als Gottes Urteil. Noch später kamen *Könige* hinzu, nicht weil Gott es so gewollt hatte, sondern weil das Volk das Königtum verlangte. Gott rüstete die Könige mit seinem Geist aus (1. Samuel 10,11). Im Idealfall sollten die Könige Israels auf Gottes Wort hören, die Gerechtigkeit Gottes durchsetzen (siehe Psalm 72) und anstelle von Gott regieren. *Generäle* wie Josua hatten das zuvor ebenfalls getan und auch sie waren vom Geist Gottes dazu befähigt worden (4. Mose 27,18).

Im Alten Testament ist ganz klar: Einzelne Menschen werden zum Dienst für Gott berufen, dazu mit dem Geist Gottes erfüllt und mit Gaben befähigt. Aber selbst im Alten Testament wird oft deutlich, dass Leitung nicht *nur* von bevollmächtigen Einzelgängern wahrgenommen wurde. Schon damals standen andere den Hauptleitern zur Seite und manchmal war sogar ein Führungsteam notwendig. Mose brauchte Aaron, um mit ihm gemeinsam vor Pharao zu treten. Später riet ihm sein Schwiegervater, die Last der Führung zu verteilen. *»Mach dir die Last leichter, lass sie daran mittragen!«* (2. Mose 18,22).

Die Propheten gehörten oft zu einer Prophetenschule. Richter und Könige waren manchmal »Alleinherrscher«, aber auch sie sollten sich mit weisen Ratgebern beraten und vor allem sollten sie auf die Propheten Gottes hören. Gott selbst wollte letztendlich der Führer seines Volkes sein. Und obwohl es Menschen in Führungspositionen gab, war es selten so, dass sie dies im Alleingang meisterten. Es war nicht der Plan Gottes für sein Volk, dass nur wenige alle Dienste tun und die Mehrzahl sich bedienen lassen würde.

Mose verstand es richtig, als er einmal äußerte: *»Ich wäre froh, wenn alle Israeliten Propheten wären. Wenn doch der Herr seinem ganzen Volk seinen Geist gegeben hätte!«* (4. Mose 11,29). Viele Jahre später geschah dann die große Verheißung Gottes durch den Propheten Joel:

> *»Es kommt die Zeit, da werde ich meinen Geist ausgießen über alle Menschen. Eure Männer und Frauen werden dann zu Pro-*

> *pheten; Alte und Junge haben Träume und Visionen. Sogar über die Knechte und Mägde werde ich zu jener Zeit meinen Geist ausgießen* (Joel 3,1–2).

Was hier versprochen wurde, ging am Pfingsttag in Erfüllung: Jetzt hat jedes Gemeindeglied den gleichen Geist Gottes. Warum sollten wir also das alttestamentliche Verständnis von Leitung nicht direkt auf Gemeindeleitung im Neuen Testament übertragen? Weil die unentbehrliche, notwendige Ausrüstung für besondere Leitung, die Gabe des Heiligen Geistes, damals nur besonders berufenen Leitern vorbehalten war. Jetzt haben alle Kinder Gottes diesen Geist.

Jetzt werden wir *alle* für wichtige Dienste ausgewählt und berufen. Wir werden jetzt *alle* mit Geistesgaben ausgerüstet. *Gemeinsam* sind wir *das erwählte Volk, das Haus des Königs, die Priesterschaft* (1. Petrus 2,9). Wir sind sogar *alle* »Mittler« des Wortes, der Vergebung und der Gegenwart Gottes füreinander, unter der Leitung des einen endgültigen »Mittlers« zwischen Gott und den Menschen, Jesus Christus (1. Timotheus 2,5).

Manchmal sehen sich Leiter der Gemeinde von Jesus ähnlich wie die alttestamentlichen Charaktere Abraham, Mose, Mirjam, Samuel oder David und wollen dann die gleiche Vollmacht über die Gemeinde ausüben. Oder aber eine Gemeinde erwartet von ihren Leitern solch eine Vollmacht und vermittelnde Rolle, wie sie die großen Gestalten des Alten Testaments eingenommen haben. Doch diese vom Geist Gottes erfüllten Menschen der alttestamentlichen Zeit sind nicht mit Gemeindeleitern der neutestamentlichen Zeit zu vergleichen, sondern mit der Gemeinde als Ganzes. Im Gegensatz zum Alten Testament beziehen sich Titel wie Priester, Prophet, Richter und König im Neuen Testament auf die *gewöhnlichen Mitglieder* der Gemeinde von Jesus. All diese Titel bezeichnen im Neuen Testament die ganze Gemeinde und nicht deren Leiter. Die Rolle von Gemeindeleitern im Neuen Testament ist ganz anders als die vermittelnde Rolle von Leitern im Alten Testament. Die wichtigste Aufgabe der neutestamentlichen Gemeindeleiter ist es, alle anderen Gemeindeglieder so zu unterstützen, dass diese ihre eigenen Gaben entdecken und zur Entfaltung bringen können. So kann die ganze Gemeinde Gott, einander und der Welt dienen (siehe vor allem Epheser 4,11–16).

Warum sollten wir 1. Mose 37 bis 2. Mose 15 lesen?

Warum sollten wir als Gläubige der neutestamentlichen Zeit dieses »Ägyptenkapitel« näher betrachten? Wir sollen hier nicht lernen, wie Gemeinde heute zu leiten ist. Aber wir können entdecken, was bei diesen alttestamentlichen Persönlichkeiten auf Jesus hindeutet und auch auf uns, seine Gemeinde. Wir lernen wichtige Prinzipien kennen, wie Gott seinem Plan treu bleibt. Und wir lernen Gott selbst besser kennen. Dann können auch wir als Gemeinde sagen: »Wir waren genauso Sklaven in Ägypten. Gott hat uns befreit. Dies ist auch unsere Geschichte.«

Weiterführende Fragen

1. *Ihr hattet Böses mit mir vor, aber Gott hat es zum Guten gewendet* (Seite 53). In der Josefsgeschichte wird dieses Prinzip wahr. Inwieweit haben Sie selbst schon erlebt, dass Gott Böses in Gutes verwandelte?
2. »Bei der Rettung des Babys Mose benutzte Gott kluge Pläne, die Menschen geschmiedet hatten. Bei der Rettung Israels griff Gott mehrmals direkt ein. Mit oder ohne große Wunder – Gott ist mächtig am Werk« (Seite 55). Wo und wie haben Sie »mit oder ohne große Wunder« Gottes Wirken in Ihrem Leben erfahren?
3. »Im Gegensatz zum Alten Testament beziehen sich Titel wie Priester, Prophet, Richter und König im Neuen Testament auf die *gewöhnlichen Mitglieder* der Gemeinde von Jesus. All diese Titel bezeichnen im Neuen Testament die ganze Gemeinde und nicht deren Leiter« (Seite 63). Welche Auswirkungen hätte diese Sicht, wenn alle Gemeindemitglieder dies leben würden?

Kapitel 5

Treue Bündnispartner | 2. Mose 16–20

In diesem Kapitel wollen wir das Wesen des Bundes näher betrachten, den Gott mit Israel schloss. Zuerst musste es natürlich zwei Parteien geben: Gott und sein im Entstehen begriffenes Volk. Gott hatte Abraham erwählt. Er hatte ihn ausgesucht, um ihn zu segnen und ihn zum Segen für alle Völker der Erde zu machen. Er sollte der Vater eines neuen Volkes werden, obwohl dessen Entstehung lange dauern würde. Das neue Volk hatte mit der Geburt Isaaks begonnen, sich mit seinem Sohn Jakob weiterentwickelt, der seinem älteren Bruder Esau vorgezogen worden war, und sich dann durch die zwölf Söhne Jakobs schnell vergrößert. Diese zwölf Söhne gründeten Familien, die zu Großfamilien und Stämmen wuchsen. Die zwölf Stämme, obwohl teilweise ziemlich unabhängig, bildeten dennoch ein ganzes Gefüge, das Volk Israel.

Dass die zwölf Stämme von Abraham abstammten, war natürlich wichtig. Aber die Abstammung an sich sollte zweitrangig bleiben. Ausschlaggebender sollte sein, dass der gemeinsame Bund mit dem Gott Abrahams, Isaaks und Jakobs die zwölf Stämme zu einem Volk Gottes zusammenfügte.

Blutsverwandtschaft ist eine starke Kraft, die zusammenhält. Auch andere Faktoren wie eine gemeinsame Geschichte, eine gemeinsame Sprache, gemeinsame Sitten und Gebräuche und noch vieles mehr spielen eine Rolle. All dies formt eine Menschenmenge zu einem Volk, das heißt: zu einem kulturellen oder ethnischen Volk.

Aber all diese Faktoren zusammen machen ein Volk noch nicht zum Volk Gottes. Gott wollte ein Glaubensvolk. Gott wollte ein Volk, das letztendlich durch die Beziehung zu ihm zusammengehalten wurde. Gott wollte ein »heiliges« Volk; ein Volk, das von allen anderen Völkern ausgesondert war. Deshalb wählte Gott keine der existierenden Volksgruppen aus, sondern schuf ein neues Volk.

Das entstehende Volk Gottes hatte schon oft seine Fürsorge erlebt: am Anfang, als Gott einem alten Ehepaar das Wunderkind Isaak schenkte; später, als Gott Jakob trotz dessen vieler Verfehlungen bewahrte und segnete; und dann wieder, als Gott Josef benutzte, um dessen ganze Familie vor einer Hungersnot zu retten.

Mehrere Jahrhunderte später war aus der Ursprungsfamilie tatsächlich ein großes Volk geworden. Gott griff wieder gewaltig ein, um dieses Volk aus der Sklaverei zu befreien und vor der heranstürmenden ägyptischen Armee zu retten. Eine Reihe von Wundern führte dazu, dass die entflohenen ehemaligen Sklaven sich in der Wüste wiederfanden. Was jetzt? Zuerst wurde der Auszug gefeiert. Und dann zeigte Gott den nächsten Schritt: Ganz Israel wird zum Bündnispartner Gottes, zum auserwählten Volk.

Gott ist der Krieger

Zuerst von Mose und später auch von seinen Geschwistern Aaron und Mirjam geführt, feierten die Israeliten, lobten und priesen Gott voller Jubel, dass sie wieder frei waren:

Dem HERRN zu Ehren will ich singen,
denn er hat siegreich seine Macht gezeigt:
Ins Meer geworfen hat er Ross und Mann!
Mit meinem Lobgesang will ich ihn preisen,
den HERRN, der mir in Not zu Hilfe kam!
Mein Gott ist er, ich rühme seine Macht;

ich preise ihn, den schon mein Vater ehrte.
Welch großer Kämpfer ist er, dieser Gott!
Das kündet uns sein Name: »Ich bin da!«
Singt, alle, singt, dem HERRN zu Ehren,
denn er hat siegreich seine Macht gezeigt:
Ins Meer geworfen hat er Ross und Mann!
(2. Mose 15,1–3 und 21).

Israel hatte verstanden: Obwohl Menschen dazu beigetragen hatten, war es letztendlich Gott gewesen, der sie aus der Gefangenschaft befreit hatte. Der Gott Abrahams, Isaaks und Jakobs hatte erneut und gewaltig eingegriffen, um sein Volk zu retten. Gott ist Retter; Gott ist ein Krieger, Gott ist Herr und Jahwe ist sein Name. An dieser Stelle ist es wichtig, zu erkennen: Gott selbst handelt so, wie auch der angekündigte Friedenskönig handeln wird. *Den Benachteiligten soll er Recht verschaffen und den Bedürftigen Hilfe bringen; aber die Unterdrücker soll er zertreten!* (Psalm 72,4).

Mit der ganzen Problematik der Kriegführung (sogar des Völkermordes) im Alten Testament werden wir uns später noch beschäftigen. Aber unseres Erachtens können diese Kapitel in 2. Mose nicht so verstanden werden, als würden sie heutige Staaten rechtfertigen, wenn diese sich dafür entscheiden, Krieg zu führen. Es ist Gott selbst und nicht das Volk Israel, der hier als Krieger beschrieben wird. Es geht darum, Gerechtigkeit für Unterdrückte zu schaffen, und nicht um Vorteile für die Stärkeren.

Israel weiß zu feiern. Ein guter Freund jüdischer Abstammung fasste einmal die Bedeutung jüdischer Feste so zusammen: »Sie versuchten, uns zu töten. Gott hat uns gerettet. Lasst uns essen und feiern!« In diesem Fall hier sagten Mose und Mirjam: »Wir waren Sklaven. Gott befreite uns. Lasst uns singen und tanzen!« Das ist auch für uns keine schlechte Idee, wenn wir Gottes Güte erleben.

Alles Gnade – nichts verdient

Bevor Gott von seinem Volk Israel ein Treueversprechen hören wollte, erklärte er jedoch einige Dinge unmissverständlich. Gott hatte Israel aus Gnade erwählt. Es ist äußerst wichtig, diesen Punkt zu betonen, denn sonst bestünde die Gefahr, dass wir das ganze Alte Testament mit der falschen Brille lesen.

Israel hatte seine Erwählung nicht verdient. Wenn es Verdienst gewesen wäre, wäre es nicht die freie Wahl eines gnädigen Gottes gewesen. Es war Gott wichtig, dass Israel sich über diesen Punkt im Klaren war. Andernfalls würde sehr viel schiefgehen (und manchmal sollte das auch der Fall sein). Gott formulierte es einmal so:

> *Denn ihr seid ein Volk, das ausschließlich dem HERRN gehört. Der HERR, euer Gott, hat euch unter allen Völkern der Erde ausgewählt und zu seinem Eigentum gemacht. Das tat er nicht etwa, weil ihr größer seid als die anderen Völker – ihr seid vielmehr das kleinste unter ihnen! Nein, er tat es einzig deshalb, weil er euch liebte und das Versprechen halten wollte, das er euren Vorfahren gegeben hatte. Nur deshalb hat er euch herausgeholt aus dem Land, in dem ihr Sklaven wart; nur deshalb hat er euch mit seiner starken Hand aus der Gewalt des Pharaos befreit. Er wollte euch zeigen, dass er allein der wahre Gott ist und dass er Wort hält. Er steht zu seinem Bund und erweist seine Liebe bis in die tausendste Generation an denen, die ihn lieben und seine Gebote befolgen* (5. Mose 7,6–9).

Es war Gnade, ein Geschenk, dass Gott Israel auserwählt hatte, nicht dessen Verdienst. Aber das Geschenk der Erwählung brachte für Israel auch Verpflichtungen mit sich. Israel sollte als erstes erkennen: »Jahwe ist Gott.« Und durch Israel wollte Gott dies allen anderen Völkern offenbaren.

Das Prinzip, das wir hier erkennen, zieht sich durch die ganze Bibel: Gott erwählt Menschen für eine bestimmte Aufgabe, aber nicht etwa deswegen, weil sie etwas Besonderes sind, sondern aus Gnade. Nicht die Starken, sondern die Schwachen werden ausgesucht, damit niemand auf die Idee kommt, es sei sein oder ihr Verdienst. Erwählung geschieht immer aus Gnade.

So war es bei Gideon. Als er mit seiner großen Armee in den Krieg ziehen wollte, sagte Gott: *»Dein Heer ist zu groß! So kann ich die Midianiter nicht in eure Hand geben. Sonst werden die Leute von Israel am Ende prahlen und sagen: Der eigenen Hand verdanken wir unsere Rettung!«* (Richter 7,2) In Anlehnung daran sagte auch Paulus, als er verfolgt und zu Boden geschlagen wurde (siehe 2. Korinther 4,9): *Ich trage diesen Schatz in einem ganz gewöhnlichen, zerbrechlichen Gefäß. Denn es soll deutlich sichtbar sein, dass das Übermaß an Kraft, mit dem ich wirke, von Gott kommt und nicht aus mir selbst* (2. Korinther 4,7). Überall wird deutlich: *»Nicht durch menschliche Macht und Gewalt wird es dir gelingen, sondern durch meinen Geist!«* (Sacharja 4,6). *»Du brauchst nicht mehr als meine Gnade. Je schwächer du bist, desto stärker erweist sich an dir meine Kraft«* (2. Korinther 12,9).

So, wie es damals bei Israel war, war es auch in den frühen christlichen Gemeinden. Paulus schrieb an die Korinther: *Schaut doch euch selbst an, Brüder und Schwestern! Wen hat Gott denn da berufen? Es gibt ja nicht viele unter euch, die nach menschlichen Maßstäben klug oder einflussreich sind oder aus einer angesehenen Familie stammen. Gott hat sich vielmehr in der Welt die Einfältigen und Machtlosen ausgesucht, um die Klugen und Mächtigen zu demütigen. Er hat sich die Geringen und Verachteten ausgesucht, die nichts gelten, denn er wollte die zu nichts machen, die in der Welt etwas sind. Niemand soll sich vor Gott rühmen können* (1. Korinther 1,26–29).

Dann beschrieb er auch sich selbst und seine Begleiter auf der Missionsreise: *... als ich zu euch kam und euch Gottes verborgenen Plan zur Rettung der Menschen verkündete, habe ich euch doch nicht mit tiefsinniger Weisheit und geschliffener Redekunst zu beeindrucken versucht. ... Als schwacher Mensch trat ich vor euch und zitterte innerlich vor Angst* (1. Korinther 2,1.3). Die Korinther waren keine besonderen Menschen und die Apostel auch nicht. Menschliche Weisheit konnte mit dem Evangelium nicht mithalten: *Ich hatte mir vorgenommen, unter euch nichts anderes zu kennen als Jesus Christus, und zwar Jesus Christus, den Gekreuzigten. ... Mein Wort und meine Botschaft wirkten nicht durch Tiefsinn und Überredungskunst, sondern weil Gottes Geist sich darin mächtig erwies. Euer Glaube sollte sich nicht auf Menschenweisheit gründen, sondern auf die Kraft Gottes* (1. Korinther 2,2.4.5).

Wenn es darum gegangen wäre, möglichst redegewandte Boten für das Evangelium zu finden, wer wäre auf die Idee gekommen, Paulus und dessen Begleiter zu berufen? Wenn es darum gegangen wäre, möglichst starke Menschen für die christlichen Gemeinden zu rekrutieren, wer wäre auf die Idee gekommen, die Korinther zu berufen? Wenn es darum gegangen wäre, eine Botschaft zu verkündigen, die der Weisheit der Menschen entspricht, wer wäre auf die Idee gekommen, eine Botschaft über einen Gekreuzigten zu verkünden? Immer wieder machte Gott deutlich: Gott erweist seine Kraft in unserer Schwachheit.

Noch einmal: Nicht weil Israel besonders stark, besonders fähig oder irgendwie besonders gut gewesen wäre, hatte Gott sie erwählt. Sondern Gott wollte seine Kraft sichtbar werden lassen, indem er Israel erwählte und durch Israel die Welt segnete.

Manchmal sah Israel selbst das allerdings anders. Sie verstanden ihre Erwählung als Privileg und Alleinbesitz. In späterer Zeit entstand so eine Legende, dass sich nicht nur Israel, sondern auch alle anderen Völker der Welt am Berg Sinai versammelt hätten. Der Bund mit Gott sei allen angeboten worden. Aber ein Volk nach dem anderen habe sich geweigert, darauf einzugehen. Als Gott sagte: »Du sollst außer mir keine anderen Götter verehren«, da hätten die Kanaaniter das Lager verlassen. Als das Verbot: »Du sollst nicht töten«, geäußert wurde, hätten sich die Philister weggeschlichen. Beim Verbot: »Du sollst nicht die Ehe brechen« seien die Amoriter gegangen. Allmählich sei ein Volk nach dem anderen verschwunden, bis am Ende nur Israel übrig geblieben sei – allen anderen moralisch und religiös überlegen. Sie allein hätten es verdient, das Volk Gottes zu sein.

Die Bibel berichtet jedoch genau das Gegenteil: Auch Israel hatte seinen Bund mit Gott in keinster Weise verdient.

Gnade vor Gesetz

Es war Gottes Gnade, dass er Israel unter allen Völkern zu seinem ganz besonderen Volk machte. Damit wird zugleich klar, dass das Gesetz, das später hinzukam, eine untergeordnete Rolle spielt. Gott schuf aus Gnade, erwählte aus Gnade und wurde aus Gnade zum Bündnispartner.

Vielleicht reiben Sie sich nun verwundert (oder verstört) die Augen – viele Christen meinen, Gnade gäbe es erst im Neuen Testament: »War nicht der Bund des Alten Testaments ein Gesetzesbund und ist nicht erst der Bund des Neuen Testaments ein Bund der Gnade?« So verbreitet diese Sicht auch ist, findet sie dennoch äußerst wenig Unterstützung in der Bibel. Natürlich wissen wir, dass es im Johannes-Evangelium 1,17 heißt: *Das Gesetz wurde durch Mose gegeben, die Gnade und die Wahrheit kamen durch Jesus Christus* (Einheitsübersetzung). Aber das bedeutet noch lange nicht, dass das Gesetz mit Jesus aufgehoben wurde. Er selbst sagte: *»Denkt nicht, ich sei gekommen, um das Gesetz und die Weisungen der Propheten außer Kraft zu setzen. Ich bin nicht gekommen, um sie außer Kraft zu setzen, sondern um sie zu erfüllen und ihnen volle Geltung zu verschaffen«* (Matthäus 5,17). Und wer aufgrund von Johannes 1,17 meint, dass erst mit Jesus der Begriff »Gnade« auftauche, müsste wohl auch behaupten, dass mit Jesus zum ersten Mal von Wahrheit die Rede ist. Es stimmt, Jesus ist das Wahrzeichen der Gnade und der Wahrheit Gottes. Aber Gottes Gnade ist bereits seit der Schöpfung die treibende Kraft, damit überhaupt erst ein Volk Gottes entstehen konnte.

Manche Juden zur Zeit von Jesus und später während der Entstehung der christlichen Gemeinde hatten Gottes Gesetz falsch verstanden und dachten, man könnte sich das ewige Leben durch Gehorsam dem Gesetz gegenüber verdienen. Aber das war absolut nicht das, was sie vom Alten Testament hätten lernen sollen. Jesus und später die Apostel kämpften dagegen, dass die Rolle des Gesetzes in Gottes Plan falsch verstanden wurde. Sie kämpften nie gegen das Gesetz als solches im Plan Gottes. Damals am Berg Sinai, als Gott Israel zu seinem Bündnispartner machte, ging es um die Beziehung und nicht um das Gesetz.

Eine Stelle, die uns sehr wichtig erscheint, finden wir in 2. Mose 19,4–6 (Hoffnung für alle):

> *Ihr habt selbst gesehen, was ich mit den Ägyptern gemacht habe.*
> *Ich habe euch sicher hierher zu mir gebracht,*
> *wie ein Adler, der seine Jungen trägt.*
> *Wenn ihr nun auf mich hört und euch an den Bund haltet,*
> *den ich mit euch schließen will,*
> *dann werde ich euch aus allen Völkern auserwählen.*
> *Mir gehört die ganze Welt,*
> *aber ihr seid in besonderer Weise mein Eigentum.*

Ja, ihr sollt ein heiliges Volk sein, das allein mir gehört.
Als königliche Priester sollt ihr mir dienen!

Wenn wir diesen Text unvorsichtig lesen, könnten wir allzu leicht missverstehen, worum es hier geht. Wir könnten leicht auf den Gedanken kommen, das Gesetz Gottes habe im sogenannten Alten Bund die zentrale Rolle gespielt.

Dieser Text aus 2. Mose 19 stammt aus der Zeit kurz nach der Befreiung aus Ägypten, als sich das Volk um den Berg Sinai herum versammelt hatte. Gott wollte dem Volk durch Mose klarmachen, was dieser Bund zwischen Gott und seinem Volk beinhalten sollte. Ist es nicht interessant, dass viele Bibelleser die Frage, was in 2. Mose 20 steht, sofort beantworten könnten: Die Zehn Gebote natürlich! Fragt man aber, was in 2. Mose 19 steht, müssen die meisten passen. Dabei sollten doch die Begründungen, die Gott für den Bund aufführt, mindestens genauso wichtig sein wie die Erwartungen, die Gott an sein Volk stellt (die Zehn Gebote eben). Und genauso wichtig sind die Versprechen, die der treue Gott Israels macht. Wir finden sie vor und nach den Geboten, die wir oft mit dem eigentlichen Bund verwechseln.

Lassen Sie uns diesen Text noch einmal in Ruhe durchgehen und darauf achten, was dort steht und was nicht:

Ihr habt selbst gesehen, was ich mit den Ägyptern gemacht habe. Ich habe euch sicher ... zu ... gebracht, wie ein Adler, der seine Jungen trägt. Wohin brachte Gott Israel: Zum Richterstuhl? Zur Gesetzestafel? Zum Land der Freiheit und Fülle? Nein: *Ich habe euch sicher* ***hierher zu mir*** *gebracht.* Gott führte Israel aus Ägypten heraus, um sie *zu sich selbst* zu bringen, zu einer Beziehung mit ihrem Gott. Nicht eine Liste von Gesetzen steht im Mittelpunkt, sondern eine Beziehung. In erster Linie will Gott nicht Israels Anstrengungen und das Halten von Gesetzen, sondern er will Israels Herz. Gott will eine Beziehung der gegenseitigen Liebe und Treue. Eine solche Beziehung war das Ziel der Schöpfung und der Berufung eines besonderen Volkes, eines Gottesvolkes.

In Vers 5 sagt Gott: *Wenn ihr nun auf ... hört.* Auf wen oder was sollten die Israeliten hören? Auf Gebote? Nein, auf *»mich«, »auf* *meine Stimme«* (Einheitsübersetzung). *Wenn ihr nun* ***auf meine Stimme*** *hört.* Am Sinai gibt Gott allgemeine Anweisungen (sprich Gesetze), die erklären, was Israel zu tun und zu lassen hat. Gott will das Volk jedoch nicht in erster Linie mit Geboten führen, sondern mit seiner Stimme. Gott will Israel auf dem Weg zum verheißenen Land begleiten: Er wird immer dabei sein. Seine Führung wird real sein, zwar nicht immer sicht- oder hörbar, aber immer tatsächlich vorhanden. Manchmal wird Gott durch Mose sprechen, manchmal auch durch Gegebenheiten und Umstände. Aber es ist immer Gottes Stimme, die den Weg zeigt.

Weiter heißt es: *Wenn ihr nun auf mich hört und euch an ... haltet.* Woran was sollten sich die Israeliten halten? An Gottes Gebote? Nein: *Wenn ihr ... euch an den Bund haltet, den ich mit euch schließen will.* Gott will mit Israel eine Beziehung der gegenseitigen Treue und Loyalität beginnen. Wenn es in einer Beziehung vor allem um Gesetze, Gehorsamserwartungen und Strafandrohungen geht, können Loyalität und Treue nicht wachsen.

Natürlich gehören Gebote und Gesetze zur Beziehung Gottes mit Israel. Aber Gott macht zuerst ganz deutlich, dass er der Handelnde war, der die Beziehung überhaupt erst ins Leben rief. Aus Gnade schuf und erwählte er ein Volk, befreite es aus der Knechtschaft und rief es in eine Beziehung mit sich selbst. Gott handelte zuerst und alles, was Israel tut, geschieht als Antwort auf das Bundesangebot Gottes. Noch ehe Gott seinem Volk irgendwelche Gebote auferlegt, erklärt er: *... dann werde ich euch aus allen Völkern auserwählen. Mir gehört die ganze Welt, aber ihr seid in besonderer Weise mein Eigentum. Ja, ihr sollt ein heiliges Volk sein, das allein mir gehört. Als königliche Priester sollt ihr mir dienen!* (2. Mose 19,5–6).

Aber selbst der Bund Gottes mit Israel hat die ganze Welt im Blick. Gott ist der Herr der ganzen Erde und in besonderer Weise der Herr Israels. Sie sollen ein Volk von Priestern sein. Es geht hier nicht darum, dass es im Volk besonders viele Priester geben wird, sondern dass das Volk als Ganzes die Rolle eines Priesters zwischen Gott und der Menschheit übernehmen soll. Priester sind Mittler zwischen Gott und dem Volk, zwischen Gott und der Menschheit. Priester bringen Gott stellvertretend für die Nicht-Priester Opfergaben dar. Umgekehrt vermitteln die Priester den Nicht-Priestern Gottes Vergebung und Segen.

Damit Israel als Volk die Rolle eines Priesters zwischen Gott und der Menschheit übernehmen kann, muss es ein heiliges, sprich abgesondertes Volk sein. Israel soll anders als die anderen Völker sein, damit die Welt sehen kann, wie ein Volk in Beziehung mit Gott lebt, wie es einmal im Garten Eden war und wie es irgendwann einmal wieder, in der Stadt Gottes, sein wird.

Die Rolle des Gesetzes

Bevor wir uns näher mit der Rolle des Gesetzes beschäftigen, möchten wir klären, was wir mit dem Wort »Gesetz« meinen. Zum »Gesetz Gottes« gehören erstens die ethischen Richtlinien, wie zum Beispiel die Zehn Gebote, die den Menschen zeigen, wie die Beziehung zwischen Gott und seinem Volk und das Miteinander der Menschen aussehen soll. Im Alten Testament gehören jedoch auch viele anderen Gebote und Verbote sowie detaillierte Regeln und Bestimmungen zum »Gesetz Gottes«. An dieser Stelle geht es uns um den großen Zusammenhang des Ausdrucks »Gesetz Gottes«. Wie wir als neutestamentliche Christen zum Beispiel mit den zeremoniellen Bestimmungen und Essensgeboten oder den Richtlinien für Brandopfer umgehen sollen, damit beschäftigen wir uns in Kapitel 9.

Es ist klar, dass das Gesetz nicht den eigentlichen Mittelpunkt des Bundes zwischen Gott und Israel ausmacht. Dennoch spielt das Gesetz eine wichtige Rolle. Paulus drückt es später so aus: *So hat das Gesetz uns in Zucht gehalten bis zum Kommen Christi, damit wir durch den Glauben gerecht gemacht werden* (Galater 3,24; Einheitsübersetzung). Diese Stelle wird jedoch auch oft so verstanden, als würde sie behaupten: Im Alten Testament stand das Gesetz im Mittelpunkt, jetzt ist es der Glaube. Dies würde jedoch dem widersprechen, was Paulus in Zusammenhang des Galaterbriefes erklärt. In den Versen 15–18 argumentiert Paulus nämlich, dass die Verheißung Gottes und *nicht* das Gesetz damals im Mittelpunkt stand. Er schreibt ebenfalls, dass der Bund Gottes mit Abraham ein Bund der Gnade und des Glaubens war und auch dann noch gültig blieb, als das Gesetz hinzukam, denn das Gesetz als solches konnte nicht gerecht machen. Gerechtigkeit kam nicht durch das Gesetz, sondern indem Menschen sich im Glauben an den Verheißungen Gottes festhielten, in einem Bund mit Gott lebten und, so wie Abraham, fest im Glauben standen. Auch im Alten Testament kam Gerechtigkeit durch den Glauben, nicht durch das Gesetz.

Das alttestamentliche Gesetz hatte die Aufgabe, zu beschreiben, wie – von menschlicher Seite aus – eine Beziehung der Loyalität zwischen Gott und seinem Volk aussehen sollte. Auch die Zehn Gebote haben vor allem mit Beziehungen zu tun. Der erste Teil macht absolut klar, dass allein Jahwe der wahre Gott ist und unsere Anbetung nur ihm allein gehört. Im zweiten Teil wird deutlich, wie die gegenseitigen Beziehungen in einem Volk Gottes aussehen sollen: ohne Mord, Diebstahl, Betrug, Ehebruch, Neid usw.

Jesus kam, um dieses Gesetz zu erfüllen. Das heißt, er lebte genauso, wie Gott es eigentlich für das ganze Volk geplant hatte. Er zeigte mit seinem Leben, wie ein Leben mit Gott und in der Gemeinschaft der Gläubigen aussehen soll. Und gleichzeitig machte Jesus einem jungen Mann klar, der Jesus als »guten Lehrer« ansprach und meinte, das ganze Gesetz erfüllt zu haben: *»Warum nennst du mich gut? Nur einer ist gut: Gott!«* (Markus 10,18). Wer sich das ewige Leben verdienen möchte, indem er das ganze Gesetz erfüllt, muss erkennen, dass das niemandem gelingen kann. Das ewige Leben kann man nur geschenkt bekommen: *»Wenn es auf die Menschen ankommt, ist es unmöglich, aber nicht, wenn es auf Gott ankommt. Für Gott ist alles möglich«* (Markus 10,27).

Die Israeliten versprachen am Berg Sinai, dass sie bereit waren, im Bund der Treue mit Gott zu leben, indem sie sich verpflichteten, nach seinen Anweisungen zu leben. Was aber versprach Gott den Israeliten? Noch einmal Bernhard Ott (*Schalom – Das Projekt Gottes,* Seite 46):

Als guter Herr und König gibt er dem Volk drei großartige Zusicherungen:

1. *Eure Sicherheit und Freiheit ist mein Problem:*
   Ich werde für euch kämpfen.
2. *Euer Lebensunterhalt ist mein Problem:*
   Ich werde für euch sorgen.

3. *Euer Weg ist mein Problem: Ich werde euch führen.*

Jesus sagte es seinen Nachfolgern ähnlich: *Euer Vater im Himmel weiß, dass ihr all das braucht. Sorgt euch zuerst darum, dass ihr euch seiner Herrschaft unterstellt, und tut, was er verlangt, dann wird er euch schon mit all dem anderen versorgen* (Matthäus 6,32–33).

Manche Ausleger ziehen zwischen dem Alten und dem Neuen Testament einen dicken Strich, was den Heilsweg betrifft. Wir sehen das anders. Damals wie heute ist unsere Beziehung mit Gott komplett davon abhängig:

- dass Gott Menschen (sogar einem ganzen Volk) aus reiner Gnade wahres Leben anbietet;
- dass wir es unverdient annehmen dürfen, weil Gott es großzügig schenken möchte;
- dass die Beziehung selbst und der Bund, durch den sie konkret wird, im Mittelpunkt steht;
- dass das Gesetz eine untergeordnete Rolle spielt.

Damals wie heute zeigt uns das Gesetz, wie wir Gott aus Dankbarkeit zeigen können, dass wir es ernst mit ihm meinen und deshalb so leben, wie er es will. Es ist klar, dass der Inhalt des Gesetzes sich an manchen Punkten geändert hat. Als neutestamentliche Christen müssen wir uns zum Beispiel nicht mehr an all die Essensverbote halten, die für das alttestamentliche Israel galten. Aber im allgemeinen spielt das Gesetz als ganzes heute noch die gleiche Rolle wie damals. Es hilft uns, Gott zu ehren und so in Gemeinschaft miteinander zu leben, dass wir tatsächlich aus allen Völkern ausgesondert sind; dass wir als ein Licht auf dem Berg erscheinen, damit andere durch uns von dem wahren Gott hören und wir so unsere priesterliche Rolle in dieser Welt wahrnehmen.

Was hat sich vom Alten zum Neuen Testament geändert? Die Israeliten blickten im Glauben zurück, als sie daran festhielten, dass der Gott Abrahams auch ihr Gott war. Und sie schauten im Glauben in die Zukunft, als sie darauf vertrauten, dass Gott all seine Versprechen halten würde. Wir blicken ebenfalls im Glauben zurück – nicht nur auf den Gott, der Abraham berief, sondern auch auf den Gott, den Jesus Christus verkörperte. Wie die Israeliten schauen wir im Glauben in die Zukunft und vertrauen darauf, dass Gott all seine Versprechen halten wird, während wir mit ihm gemeinsam danach streben, die Schöpfung zu ihrem gottgewollten Ziel zu bringen.

Noch etwas Wichtiges hat sich geändert: Im Alten Bund wurden die Gebote auf Steintafeln geschrieben (2. Mose 24,12). Jetzt ist Gottes Gesetz in unsere Herzen geschrieben (Jeremia 31,33; Hebräer 8,10). Mit der Verinnerlichung des Gesetzes geht die Verinnerlichung des Lebens mit Gott einher, der durch seinen Geist in und unter uns lebt. Vieles, worauf die Israeliten noch hofften, dürfen wir bereits erleben. Aber wir verstehen das Alte Testament falsch, wenn wir allzu schnell meinen: Damals drehte sich alles nur ums Gesetz, jetzt geht es um Gottes Gnade.

Warum sollten wir 2. Mose 16–20 lesen?

Warum sollten Christen sich über den sogenannten »Alten Bund mit Israel« informieren? Weil der Neue Bund durch Jesus diesen Bund nicht ersetzt, sondern erfüllt, erweitert und erneuert. Weil die Gemeinde nicht Israel ersetzt, sondern fortsetzt, und zwar auf eine Art und Weise, die deutlich macht: Es geht nicht um ethnische Zugehörigkeit und Abstammung, sondern um Gottes Gnade und die Zugehörigkeit zu dem einen wahren Gott. Das war zwar damals schon der Fall, aber sehr schwer zu erkennen. Um dieses Thema geht es auch im folgenden Kapitel.

Weiterführende Fragen

1. »Nicht weil Israel besonders stark, besonders fähig oder irgendwie besonders gut gewesen wäre, hatte Gott sie erwählt. Sondern Gott wollte seine Kraft sichtbar werden lassen, indem er Israel erwählte und durch Israel die Welt segnete« (Seite 70). Wo bestätigt sich dieses Prinzip, wenn wir die Bibel und auch die Kirchengeschichte betrachten?
2. »Gerechtigkeit kam nicht durch das Gesetz, sondern indem Menschen sich im Glauben an den Verheißungen Gottes festhielten, in einem Bund mit Gott lebten und, so wie Abraham, fest im Glauben standen. Auch im Alten Testament kam Gerechtigkeit durch den Glauben, nicht durch das Gesetz« (Seite 75). Wie stehen Sie zu der Aussage der Autoren, dies gelte nicht nur für das Neue, sondern auch für das Alte Testament?
3. »Jesus kam, um dieses Gesetz zu erfüllen. Das heißt, er lebte genauso, wie Gott es eigentlich für das ganze Volk geplant hatte. Er zeigte mit seinem Leben, wie ein Leben mit Gott und in der Gemeinschaft der Gläubigen aussehen soll« (Seite 75). Welche Auswirkungen hat diese Aussage für uns, die wir Jesus nachfolgen?

Kapitel 6

Vom ethnischen Volk zum Glaubensvolk – das Volk Gottes im Alten und im Neuen Testament

Im letzten Kapitel ging es bereits um den Text aus 2. Mose 19,5–6, in dem Gott erklärt, dass Israel sein besonderes Eigentum, sein heiliges, aus allen Völkern auserwähltes, Volk darstellt. Das Wort »heilig« bedeutet nicht etwa, dass das Volk es geschafft hätte, moralisch fehlerlos zu leben. Das Wort hat nichts mit Eigenleistung zu tun und nur wenig mit Moral und Sittlichkeit. Es bedeutet »ausgesondert« oder »geweiht« (also von Gott und für Gott geweiht). Auch wenn alles andere auf dieser Erde genauso Gott gehört, Israel ist Gottes »besonderes Eigentum«, von Gott besonders ausgesondert, um dann dementsprechend zu leben. Gott erwählte von allen Völkern ein einziges Volk aus und zwar für eine ganz besondere Rolle.

In 5. Mose finden wir eine zweite Erzählung, die berichtet, wie Gott Israel zu seinem Bündnispartner, zu seinem »heiligen Volk«, machte. Parallel zu 2. Mose 19 wird hier vielleicht noch deutlicher aufgezeigt, um was es dabei geht. In 5. Mose finden wir die

Abschiedsreden von Mose. Mose fasst zusammen, auf was sich das Volk eingelassen hat:

> *»Der Herr hat euch heute die Zusicherung gegeben, dass er euer Gott sein will, wenn ihr auf ihn hört und alle seine Gebote, Weisungen und Rechtsbestimmungen stets genau beachtet. Und ihr habt vor ihm die feierliche Erklärung abgegeben, dass ihr sein Angebot annehmen, dass ihr sein Volk sein und alle seine Gebote befolgen wollt. Ihr habt Ja dazu gesagt, dass ihr ein heiliges Volk sein sollt, das ausschließlich dem Herrn, seinem Gott, gehört, ein Volk, mit dem der Herr Ehre einlegen und das er hoch über alle anderen Völker erheben will, die er geschaffen hat«*
> (5. Mose 26,17–19).

In den deutschen Übersetzungen wird nicht erkennbar, dass im Hebräischen in diesem Vers zwei verschiedene Begriffe für »Volk« verwendet werden. Israel ist natürlich ein Volk (ein *Goy*) unter vielen Völkern (*Goïim*). Weil aber Israel von Gott ausgesondert wurde, wurde es auch zu einem *Am,* einem *Am,* das Gott persönlich gehört, einem *Am,* das »heilig« ist. Das Wort *»Am«* bedeutet in diesem Zusammenhang »Gemeinde« oder »Glaubensgemeinschaft«.

Dies wird noch deutlicher, wenn wir die griechische Übersetzung dieses Textes (die Septuaginta, LXX) betrachten. Die relevanten Wörter im Griechischen sind *ethnos* und *laos*. Wie alle anderen Völker ist Israel natürlich ein *ethnos*. Weil Gott aber Israel zu sich rief, in einen Bund mit ihnen trat, sie segnen und durch sie alle anderen Völker segnen wollte, wurde Israel auch zu seinem *laos*.

Diese Unterscheidung ist deshalb relevant, weil das Neue Testament genau diese beiden Wörter aus der LXX verwendet, um zu erklären, was für eine Glaubensgemeinschaft die Gemeinde von Jesus darstellt und was es heißt, ein »heiliges Volk« unter allen anderen Völkern zu sein. Wir, die Gemeinde, sind Gottes »heiliges *ethnos«,* das heißt, sein *laos* (zum Beispiel 1. Petrus 2,9–10). Der Auftrag an das Israel des Alten Testaments ist jetzt der Auftrag an uns: *»Ich mache dich zum Licht für die anderen Völker, damit alle bis ans Ende der Erde durch dich meine rettende Hilfe erfahren«* (Apostelgeschichte 13,47; Paulus zitiert hier Jesaja 49,6).

Das heilige Volk des Alten Testaments, Israel, wird in dem heiligen Volk des Neuen Testaments, der Gemeinde, fortgesetzt. Es ist das gleiche »Volk« (*laos*), nur besteht es jetzt aus Mitgliedern aus allen Völkern (*ethnōn*). Manche Christen wenden hier ein: »Wie können wir das gleiche Volk wie das alttestamentliche Israel sein? Wir sind doch keine Juden.« Das Problem entsteht deshalb, weil wir nicht klar genug unterscheiden zwischen dem ethnischen Volk, das wir »Juden« oder »Israel« nennen, und dem Glaubensvolk, das damals fast ausschließlich aus Juden bestand, heute jedoch aus Menschen aller Völker. Von ihrer Abstammung her sind die meisten Christen natürlich nicht jüdisch. Im Glauben jedoch gehören wir zum gleichen Volk Gottes, das zu Beginn nur jüdisch war, sich aber nach Pfingsten allmählich von seinen jüdischen Wurzeln aus in ein weltweites multi-ethnisches Glaubensvolk entwickelte.

Weil uns dies so wichtig scheint, bleiben wir noch einen Moment bei diesem Thema. Ein *ethnos,* wie das Wort schon andeutet, ist ein *ethnisches* Volk oder eine Volksgruppe. Eine ethnische Volksgruppe – *goy* auf hebräisch, *ethnos* auf griechisch – besitzt viele Gemeinsamkeiten, die sie kennzeichnen, wie zum Beispiel eine gemeinsame Sprache und Geschichte, gemeinsame Sitten und Gebräuche, Essensgewohnheiten, Musik, Tanz usw. Dies alles führt dazu, dass Menschen sich als »ein Volk« verstehen. Volkszugehörige sehen die Welt mit ähnlichen Augen. Sie blicken oft auf eine gemeinsame Abstammung zurück, bekennen sich zu ähnlichen Traditionen und glauben, handeln und sprechen so, dass jeder, der von außen kommt, sofort erkennt: Dies ist eine ethnische Gruppe, ein ethnisches Volk.

Das hebräische *Am* oder das griechische *laos* Gottes wird dagegen ganz anders beschrieben. Es begann mit Abraham. Der Beginn des *Am* oder *laos* markierte einen Neubeginn, einen Bruch mit Abrahams Vergangenheit, mit seinem Vater und mit seinem Vaterland. Abrahams Sohn Isaak könnte als »Wunderkind« bezeichnet werden, weil seine Zeugung nur durch ein Wunder Gottes möglich war. Auch Abrahams Enkel Jakob hätte als Zweitgeborener den normalen Erbschaftsregeln zufolge nicht Träger der Verheißung werden dürfen. Von Anfang an wird deutlich: Hier entsteht ein

Volk anders, als normalerweise Völker entstehen – durch Erwählung, Verheißung und durch viele Wunder.

Israel entwickelte sich natürlich zu einer ethnischen Gruppe. Sie sollten jedoch nie vergessen, dass sie ausgesondert worden waren, um mehr als ein gewöhnliches Volk (mehr als ein *ethnos*) zu sein. Sie sollten ein Volk Gottes, eine Glaubensgemeinschaft (ein *laos*), sein. Von Anfang an war Israel beides, *ethnos* und *laos*, aber die Bedeutung dieser beiden Ausdrücke darf nie verwechselt werden.

Gott sagte nicht: Wenn ihr hebräisch sprecht und euren Stammbaum aufsagen könnt, werdet ihr unter allen Völkern mein besonderes Eigentum sein.

Nein, Gott sagte: Wenn ihr auf meine Stimme hört und meinen Bund haltet, werdet ihr unter allen Völkern mein besonderes Eigentum sein.

Aber das sage ich euch: Gott kann Abraham aus diesen Steinen hier neue Nachkommen schaffen! sagte Johannes der Täufer (Lukas 3,8). Ein ethnisches Volk kann durch normale Fortpflanzung entstehen, aber bei einem Glaubensvolk geht das nicht. *Um ein Glaubensvolk zu sein, brauchen Menschen Abrahams Glauben, nicht sein Blut.*

Im Verlauf seiner ganzen Geschichte neigte Israel dazu, seinen ethnischen Status mit seinem Glaubensstatus zu verwechseln. Sie meinten oft, es genüge, jüdisch zu sein. Das war jedoch nie der Fall. Auch Christen dachten im Verlauf der Jahrhunderte genauso oft, es würde schon reichen, in einem christlichen Land zu leben und offiziell einer christlichen Kirche anzugehören. Aber auch das war noch nie so.

Natürlich gehört Gott die ganze Erde. Er berief sich jedoch ein besonderes Eigentum, ein Volk Gottes. Im Alten Testament gehörten Menschen nicht automatisch dazu, nur weil sie jüdischer Abstammung waren oder sich sonst ethnisch und kulturell zum jüdischen Volk zählten. Das Volk Gottes bestand aus denen, die sich mit ihrem Herzen und Handeln zu einer Glaubensgemeinschaft mit Gott bekannten. Auch heute besteht Gottes besonderes Eigentum nicht automatisch und ohne weiteres aus denen, die christliche Wurzeln haben oder die sich politisch und kulturell mit irgendwelchen christlichen Abendländern identifizieren. Das Volk

Gottes besteht aus denen, die sich mit ihrem Herzen und Handeln zur Glaubensgemeinschaft von Jesus Christus bekennen.

Der Grund, warum dieser Unterschied heutzutage von immer mehr Auslegern betont wird, liegt meines Erachtens in der Erkenntnis, dass es so etwas wie eine »christliche Nation« oder ein »christliches Land« als solches nicht geben kann. Es gibt nur Länder, in denen es viele Christen gibt. Aber das Land bleibt immer nur *der Kontext* für das Leben eines Glaubensvolkes. Wem dieser Unterschied klar wird, der versteht auch den Unterschied zwischen dem ethnischen Volk der Juden und dem Glaubensvolk, das aus glaubenden Juden bestand. Treue Menschen des Alten Testaments gehörten gleichzeitig zum ethnischen Volk und zum Glaubensvolk. Die Gemeinde von Jesus setzt nicht das ethnische Volk, sondern das Glaubensvolk fort.

Ein Volk oder zwei Völker?

Auf keinen Fall wollen wir den Eindruck erwecken, dass es zwei Gottesvölker (Israel und die Gemeinde) gebe. Im Gegenteil: Die Gemeinde ist die *Fortsetzung* des alttestamentlichen Glaubensvolkes Israel. Was das bedeutet, möchten wir im Folgenden erklären.

Einen Aspekt dieses Themas klammern wir dabei allerdings aus: Es gibt sehr unterschiedliche Meinungen bezüglich der Stellung der heutigen Juden – ob das Land ihnen (allein?) gehören sollte, wie Gott mit den Juden umgehen wird, falls sie bis zur Wiederkunft von Jesus noch nicht an ihn glauben, und sogar darüber, ob der Ausdruck »Juden« abstammungsmäßig, politisch oder religiös verstanden werden sollte. Diese Fragen lassen wir völlig offen. Hier geht es uns nicht um die Zukunft, sondern um den Wandel von einem Volk Gottes, das überwiegend jüdisch war, zu einem Volk Gottes im ersten Jahrhundert, zu dem Menschen aus allen Nationen gehören. Was geschah bei diesem Wandel?

Betrachten wir zunächst zwei weit verbreitete Positionen, die uns allerdings beide unzureichend scheinen. Vertreter des ersten Standpunktes argumentieren folgendermaßen: »Gott hatte erst *ein* Volk Gottes, die Juden. Als diese jedoch Jesus als Messias ablehnten, erwählte Gott ein *neues* Volk Gottes, die heidnische (also nichtjüdische) Gemeinde. Israel hatte seine Erwählung verspielt.

Und Israel wurde mit der christlichen Gemeinde ersetzt.« Diese Auffassung wird oft »Ersatztheologie« oder auch »Substitutionstheologie« genannt. Sie führte häufig zu Antisemitismus und indirekt auch zum schlimmsten Ausdruck des Antisemitismus, dem Holocaust.

Aus der zweiten Position sieht die Sichtweise so aus: »Gott hat *zwei* Gottesvölker, die Juden und die christliche Gemeinde. Zunächst gab es nur ein Volk Gottes, aber als das Judentum Jesus ablehnte, wurde es von Gott in der Heilsgeschichte *vorübergehend* zur Seite gestellt. Gott ließ ein neues Volk Gottes entstehen, die Gemeinde. Israel bleibt jedoch immer noch das Volk Gottes und Gott wird seine Versprechen diesem Volk gegenüber (das inzwischen auch wieder eine Nation geworden ist) halten.« Meistens wird bei diesem Standpunkt dann auch noch behauptet, dass zuerst die Gemeinde von Jesus entrückt werden wird und dass Gott erst dann sein israelitisches Volk wieder aufrichten, leiten und zu einer Führungsposition in dieser Welt bringen wird. Auch wenn es Variationen dieser Position gibt, bezeichnet man sie meist als »Dispensationalismus«. Sie führt oft zu einer unkritischen Unterstützung all dessen, was den Interessen des jüdischen Staates dient, ganz gleich, was das für Palästinenser oder andere Nachbarn im Nahen Osten bedeuten mag.

Bei der Ersatztheologie scheint es, dass Gott bereit sei, seinen eigentlichen Plan aufzugeben, nur weil Menschen untreu waren. Die Bibel wiederlegt dies jedoch deutlich (Römer 3,3–4; 11,29 etc.). Das Hauptproblem mit dem Dispensationalismus ist unseres Erachtens, dass weite Teile der Bibel (wohl deutlich über 90 Prozent) bei konsequenter Anwendung als für die Gemeinde von Jesus ziemlich irrelevant verstanden werden müssten: »Das gilt anderen, nicht uns.« (Davon später mehr.)

Wir möchten an dieser Stelle jedoch eine dritte Möglichkeit vorschlagen, die übrigens zunehmend von namhaften Bibelauslegern unterstützt wird (Krister Stendahl, E. P. Sanders, Gerhard Lohfink, James D. G. Dunn, N. T. Wright, Richard B. Hays usw.). Diese dritte Position besagt: *Die Gemeinde von Jesus setzt das alttestamentliche Volk Gottes fort!*

Dieser Ansatz sieht viel mehr Kontinuität zwischen dem Plan Gottes für Israel im Alten Testament und dem Plan Gottes für die Gemeinde im Neuen Testament als die anderen beiden Ansätze – und das aus gutem Grund. Jesus kam, um seine Gemeinde, die Gemeinschaft seiner Nachfolger, zu *bauen;* nicht, um sie zu *gründen.* »Jesus konnte gar keine Kirche gründen, da es sie längst gab – nämlich das Gottesvolk Israel« (Gerhard Lohfink, *Wie hat Jesus Gemeinde gewollt?*, Herder, Freiburg 1982, Seite 7). Die Gemeinde *ist* das Israel Gottes (Galater 6,16) und die jetzige Form der erneuerten Menschheit.

Die »Gemeinde«, das sind alle Nachfolger von Jesus Christus – Juden und Nichtjuden. Diese Gemeinde (manchmal fälschlicherweise »die heidnische Gemeinde« genannt) ersetzt Israel nicht. Um es mit der Bildersprache aus Römer 11,17–24 auszudrücken: Der jüdische Olivenbaum wird *nicht* von einem heidnischen Olivenbaum *abgelöst* und *ersetzt.* Doch genauso wenig gibt es jetzt zwei Olivenbäume, einen heidnischen *neben* einem jüdischen. Auch wenn sowohl in der Ersatztheologie als auch im Dispensationalismus oft behauptet wird, dass die Lehre des Paulus in Römer 11 ernstgenommen wird, scheinen beide – wenn auch auf unterschiedliche Art und Weise – genau das abzustreiten, was Paulus in Römer 11 in den Mittelpunkt stellt. *Es gibt nur einen einzigen Olivenbaum* und es kann auch nur einen geben, denn es gibt nur ein einziges Volk Gottes. Äste können abgebrochen und wieder eingepfropft werden, es ist jedoch der gleiche Baum (das Volk Gottes), der besteht und weiter wächst.

Es wird oft gesagt: »Israel (oder die Juden, oder das Volk Israel) lehnte(n) Jesus ab.« Diese Behauptung ist jedoch schlicht und einfach falsch. Israel als Ganzes lehnte Jesus nicht ab und deswegen kann dies auch kein Grund sein, warum Israel angeblich durch die Gemeinde ersetzt wurde. Israel war statt dessen in seinen Reaktionen zu Jesus genauso gespalten wie der Rest der heidnischen Welt, als das Evangelium über die Grenzen des israelitischen Volkes hinaus verkündigt wurde. Zur Zeit des Neuen Testaments gab es keine »heidnische Gemeinde«. Es gab zuerst nur eine jüdische Gemeinde und dann eine gemischte Gemeinde, bestehend aus Juden und Nichtjuden. Die Gemeinde hatte endlich begriffen, dass ein Mensch nicht erst zum jüdischen Glauben übertreten musste, ehe er zur Gemeinde von Jesus gehören durfte. Oder anders ausgedrückt: Die Urgemeinde erkannte, dass Menschen Mitglieder des Israels Gottes werden konnten, ohne dass sie ethnisch oder politisch jüdisch werden mussten.

Die Gemeinde von Jesus begriff langsam, was im ganzen Verlauf der Geschichte des jüdischen Volkes schon immer der Fall war: Das wahre Volk Israel ist weder ein ethnisches Volk noch ein nationales Gebilde. Das wahre Israel ist ein Volk Gottes, ein Glaubensvolk, ein Volk im Bund mit Gott. Es war schon immer das Ziel Gottes und einiger treuer Glaubensführer der alttestamentlichen Israeliten, die Grenzen des ethnischen Volkes und die des Glaubensvolkes in Übereinstimmung zu bringen. Die Realität war jedoch, dass das Glaubensvolk immer nur eine Teilmenge des ethnischen Volkes darstellte, manchmal sogar nur eine kleine. Das wahre Glaubensvolk bestand aus der treuen Minderheit Israels, aus Menschen, die nicht nur jüdischer Abstammung waren, nicht nur ihre ethnische Zugehörigkeit als wertvoll erachteten, nicht nur politische Vorteile für ihre Nation suchten, sondern und vor allem sich mit Herz und Hand zum Gott Israels bekannten. Schon lange bevor Jesus kam, um den Glauben seiner Landsleute zu erneuern, waren die Begriffe »ethnisches Israel« und »Israel als Bündnispartner Gottes« zwei verschiedene Dinge. Das erste war nur ein *ethnos;* das zweite Gottes *laos*.

Wie wir bereits versucht haben, deutlich zu machen, stellt die Gemeinde von Jesus die Fortsetzung Israels dar. Dabei setzt sie weder das *ethnische* Israel noch das *nationale* Israel fort, sondern das *Glaubensvolk*-Israel. Die Glaubensgemeinschaft »Israel« hörte weder mit dem Kommen von Jesus, noch mit dem Kommen des Heiligen Geistes an Pfingsten, noch mit dem Apostelkonzil (Apostelgeschichte 15), noch mit der Zerstörung Israels als Staat (70 nach Christus) auf. Im Gegenteil: Israel als Glaubensgemeinschaft wurde durch Jesus erneuert, am Pfingsttag mit dem Geist Gottes bevollmächtigt, am Apostelkonzil offiziell als multi-ethnisch anerkannt und nach dem Jahr 70 von manchen (ethnisch) jüdischen Traditionen getrennt.

Es war das Anliegen von Jesus, deutlich zu machen, was eigentlich von Anfang an hätte klar sein sollen: Israel als Volk mag bestimmte ethnische Merkmale haben, mag berechtigt oder auch unberechtigt Land in Besitz nehmen, mag eine politische Einheit und Nation bilden und auch sonst vieles tun, was ein ethnisches Volk auszeichnet. Doch *dadurch* wird das Volk Israel nicht zu einer Glaubensgemeinschaft. Eine Glaubensgemeinschaft wird Israel nur dadurch, dass Gott es berufen hat, um es zu segnen und um dadurch andere zu segnen. Gott wählte ein Volk unter den Völkern aus, damit es sein besonderes Eigentum, sein *laos,* sein sollte.

Es war schon immer Gottes Ziel, dass Nichtjuden zu Israel hinzustoßen sollten. Und jetzt ist es tatsächlich so, dass wir, die wir nicht jüdischer Abstammung sind, auch zum Volk Gottes gehören. Gott hat Israel also nicht abgesetzt und mit der Gemeinde ersetzt. Gott hat Israel auch nicht eine Zeitlang zur Seite geschoben und mit einem anderen Volk Gottes ersetzt, bis der erste Plan dann wieder fortgesetzt werden könnte. Im Gegenteil: Das eine Volk Gottes, das früher ausschließlich jüdisch war, ist jetzt ein ethnisch gemischtes Volk Gottes geworden, genauso, wie Gott es schon immer geplant hatte. Was Gott in Zukunft noch mit dem ethnischen Volk Israel, mit dem Staat Israel oder mit an Gott (aber nicht an Jesus) glaubenden Juden tun wird, wollen wir ihm überlassen.

Wenn wir das Neue Testament durch diese Brille lesen, merken wir, dass die damalige Gemeinde es genauso sah. Stephanus zum Beispiel sagt deutlich, dass der Teil Israels, der bereit war, Jesus als Messias zu bekennen, jetzt Erbe der ganzen Geschichte Israels ist. *Sie* (also *wir*) sind jetzt das wahre Israel (siehe Apostelgeschichte 7). Das Apostelkonzil in Jerusalem gab sich alle Mühe, eine Trennung zwischen dem Glaubensvolk Israel und den Heiden, die zum Glauben an Jesus gekommen waren, zu verhindern: *Er machte keinerlei Unterschied zwischen uns und ihnen; denn er hat ihre Herzen durch den Glauben gereinigt* (15,9). Niemand wird durch seine Zugehörigkeit zu einem ethnischen Volk gerettet. Alle werden durch den Glauben gerettet. Auf diese Weise wird die *zerfallene Hütte Davids* wieder aufgerichtet (Vers 16). Römer 11 verwendet das Bild von einem Olivenbaum, der das Volk Gottes darstellt. Äste, die abgebrochen und aufgepfropft werden, repräsentieren Menschen, sowohl jüdische und heidnische, die durch den Glauben mit dazugehören oder durch ihren Unglauben abgebrochen werden. Ihre Abstammung schließt sie weder automatisch ein noch automatisch aus. Durch den Glauben gehören alle zu dem einen, dem einzigen Baum, dem (jetzt gemischten) Volk Gottes.

Nun kommen wir zu den wichtigsten Auswirkungen dieser ganzen Diskussion. Wenn wir nicht anerkennen, dass wir, die wir an Jesus glauben, zum gleichen Glaubensvolk gehören wie Abraham, Mose, David und Ester, dann werden wir im Alten Testament nur wenig finden, was wir mit Recht auf uns übertragen könnten – denn dann wäre das ganze Alte Testament an ein völlig anderes Volk Gottes gerichtet. Uns scheint das problematisch: Wenn wir zwischen dem alttestamentlichen und dem neutestamentlichen Volk Gottes einen dicken Strich ziehen, dann erklären wir drei Viertel der Bibel als relativ unwichtig und für uns nicht verbindlich.

Schlimmer noch: Wenn wir zwischen allem, was »zu den Juden« gesagt wurde, und allem, was »zu den heidnischen Gemeinden« gesagt wurde, einen dicken Strick ziehen, dann verlieren wir nicht nur das Alte Testament. Dann verlieren wir auch mehr als die Hälfte des Neuen Testaments – fast alles, was Jesus lehrte, war ursprünglich an Juden gerichtet! Die Evangelien berichten, wie Jesus unter seinem eigenen ethnischen Volk lebte, diente und lehrte. Wenn wir entweder an Pfingsten oder später einen Strich ziehen, dann reduzieren wir das Neue Testament ganz wesentlich.

Doch Gott gab uns, seinem Glaubensvolk, die ganze Bibel. Das Volk Gottes war zunächst Teil eines ethnischen, nationalen Volkes (aber nie damit identisch). Später breitete es sich aus, damit alle – bis an die Enden der Erde – mit dem Evangelium erreicht werden können. Auch wenn wir noch auf den endgültigen Sieg Gottes warten, *bis alle, die er aus den anderen Völkern erwählt hat, den Weg zum Heil gefunden haben* (Römer 11,25), können wir jetzt schon gemeinsam mit den Gläubigen aller Zeiten singen:

> *»Du* [Jesus] *bist würdig, das Buch zu nehmen und seine Siegel aufzubrechen! Denn du wurdest als Opfer geschlachtet, und mit deinem vergossenen Blut hast du Menschen für Gott erworben,*

> *Menschen aus allen Sprachen und Stämmen, aus allen Völkern und Nationen. Zu Königen hast du sie* [das heißt, uns] *gemacht und zu Priestern für unseren Gott; und sie* [das heißt, wir] *werden über die Erde herrschen«* (Offenbarung 5,9–10).

Was damals dem gerade aus Ägypten geretteten Volk Israel versprochen wurde – »*Ihr sollt ein Volk von Priestern sein, das mir ganz zur Verfügung steht und mir ungeteilt dient«* (2. Mose 19,6) –, ist immer noch im Werden. Wir, die wir Israel weder ersetzten noch zur Seite schoben, sondern uns dem Glaubensvolk Israel anschlossen, sind jetzt Gottes heiliges Volk.

Zurück in die Wüste

Diese Überlegungen zur Frage »ein Volk« oder »zwei verschiedene Völker« sind unseres Erachtens äußerst wichtig, wenn wir verstehen wollen, was die ganze alttestamentliche Geschichte mit uns zu tun hat. Wenn wir *unsere* Geschichte erzählen, dürfen wir zu Recht sagen, dass die Geschichte Israels unsere Geschichte ist. *Wir* waren kein Volk, aber Gott hat *unseren* Vater Abraham berufen und aus ihm ein Volk, zahlreich wie die Sterne am Himmel und der Sand am Meeresstrand, gemacht. *Wir* waren Sklaven in Ägypten, aber Gott hat *uns* befreit. Gott hat *uns* am Fuß des Berges Sinai versammelt und dort einen Bund mit *uns* geschlossen, damit klar wird: Gott ist *unser* treuer Bündnispartner und *wir* wollen sein treues Volk sein.

Aus unserer neutestamentlichen Perspektive erzählen wir dann weiter: Gott sandte seinen eingeborenen Sohn, Jesus, zu *uns*. Durch sein Leben, seinen Dienst, Tod und Auferstehung brachte Gott *uns* näher zu seinem Ziel, bevollmächtigte *uns* mit dem Heiligen Geist, um seine Mission in alle Welt zu tragen, und versprach, eines Tages alles zum Ziel zu bringen, wenn Jesus wiederkommen wird. Das alles ist *unsere* Geschichte, die Fortsetzung der Geschichte des alttestamentlichen Israels.

Im nächsten Kapitel gehen wir noch einmal zurück in die Wüste, zurück an den Berg Sinai, wo sich gerade erst befreite Sklaven versammelt hatten, die für eine lange Reise vorbereitet wurden.

Warum lohnt es sich, sich über dieses Volk und über diese Reise Gedanken zu machen und das Alte Testament aus dieser Perspektive zu lesen? Weil es *unsere* Geschichte ist!

Weiterführende Fragen

1. »Das heilige Volk des Alten Testaments, Israel, wird in dem heiligen Volk des Neuen Testaments, der Gemeinde, fortgesetzt« (Seite 81). Das ist die zentrale Aussage dieses Kapitels. Was spricht für oder gegen diese Sicht? Und was sind die Auswirkungen, falls es wirklich so ist?
2. »Im Verlauf seiner ganzen Geschichte neigte Israel dazu, seinen ethnischen Status mit seinem Glaubensstatus zu verwechseln« (Seite 82). Das tun Christen natürlich auch heute. Wir legen manchmal mehr Gewicht auf unsere ethnische oder nationale Identität als auf unseren Status als Teil des Glaubensvolkes Gottes. Stimmen Sie dieser Beobachtung zu? Wo zeigt sich das?
3. »Gott hat *uns* am Fuß des Berges Sinai versammelt und dort einen Bund mit *uns* geschlossen, damit klar wird: Gott ist *unser* treuer Bündnispartner und *wir* wollen sein treues Volk sein« (Seite 89). Wie sähe unsere Haltung zur alttestamentlichen Geschichte aus, wenn wir davon überzeugt wären?

Kapitel 7

Gott, der treue Erzieher – von der Geburt Israels zum Erwachsenenalter

Zu den Kapiteln 7 bis 10

In den bisherigen sechs Kapiteln ging es um knapp 70 Kapitel des Alten Testaments. Das gesamte Alte Testament besteht jedoch aus 929 Kapiteln (wenn man die sogenannten Spätschriften außer Acht lässt). Bei diesem Tempo würde es also noch lange dauern, bis wir zum Neuen Testament gelangen. Wir haben diesen Texten von 1. Mose 1 bis 2. Mose 20 jedoch absichtlich so viel Raum gegeben: Wir finden dort einfach sehr vieles, was uns zeigt, *wie* wir das Alte Testament lesen sollen und auch *warum*.

Mit dem Rest des Alten Testaments werden wir uns nun in weiteren vier Kapiteln beschäftigen. Dazu fassen wir die alttestamentliche Geschichte sehr knapp zusammen, und zwar mit Hilfe einer Metapher aus dem Alten Testament selbst – Kindererziehung! Gott ist ein Vater, der ein Kind (Israel) zur Welt brachte. Dieses Kind wächst auf und wird erwachsen, langsam und nicht ohne jugendliche Umwege. Die groben Linien dieser Geschichte wollen wir versuchen so wiederzugeben, dass Sie deren Einzelteile als

Teile der umfassenderen Erzählung einordnen können. Das Alte Testament ist für uns manchmal nicht viel mehr als eine Reihe von »Kindergottesdienstgeschichten« (wie zum Beispiel die Geschichten von David und Goliat, von Daniel in der Löwengrube usw.), die kaum etwas miteinander zu tun haben. Wenn wir das Alte Testament jedoch verstehen wollen, muss es für uns zu *einer* Geschichte werden, die wir dann als *unsere* Geschichte verstehen lernen.

Im achten und neunten Kapitel bekennen wir dann ganz offen, dass wir selbst manchmal mit Teilen des Alten Testaments unsere Mühe haben. Natürlich ist es in diesem Rahmen nicht möglich, alle Schwierigkeiten gründlich zu besprechen, aber einige der wichtigsten wollen wir gemeinsam unter die Lupe nehmen.

Die größte Schwierigkeit liegt unseres Erachtens oft darin, wie Gott im Alten Testament dargestellt wird. Was, wenn wir versuchen, das Alte Testament ernst zu nehmen und dann mit einem Gott konfrontiert werden, dessen Handeln uns fragwürdig erscheint? Neben den geliebten Gottesbildern, wie zum Beispiel denen eines schützenden und fürsorglichen Hirten, eines liebevollen Vaters, eines sorgfältigen Winzers, begegnen uns auch Bilder, die uns stören. Gott scheint die Unschuldigen mit den Schuldigen zu bestrafen, Menschen sehr ungleich zu behandeln und nicht nur Wahrheit, sondern auch Betrug zu benutzen, um seine Ziele zu erreichen.

Wir haben noch andere Schwierigkeiten, wenn wir das Alte Testament lesen. Dazu gehört zum Beispiel das alttestamentliche »Belohnungsmuster« (Gott belohnt die Menschen entsprechend ihres guten und schlechten Benehmens). Das Problem ist, dass dieses Muster nicht einmal überall im Alten Testament selbst und sicherlich nicht in unserer Erfahrung zu gelten scheint. Die Guten werden nicht immer belohnt.

Auch die Wundererzählungen wecken in uns Fragen. Hat Gott diese Dinge wirklich wortwörtlich getan? Warum geschah hier ein Wunder, aber dort nicht? Ein weiteres wichtiges und schwieriges Thema stellt der Krieg im Alten Testament dar. Gott scheint im Alten Testament ein kriegerischer Gott zu sein, der Krieg und Terror erlaubt oder sogar befiehlt. Auch das Thema »Gesetz« erscheint im Alten Testament wichtig. Wie gehen wir mit den vielen uns oft irrelevant erscheinenden Gesetzen um, die wir dort finden? Gelten sie alle noch? Sind sie alle ungültig?

Da wir davon ausgehen, dass Sie als Leserinnen und Leser offene und nachdenkende Menschen sind, werden wir diese Schwierigkeiten nicht unter den Teppich kehren, sondern offen ansprechen. Wie gehen wir mit ihnen um? Wie können wir das Alte Testament »retten«, wenn wir uns solchen Fragen und Schwierigkeiten aufrichtig stellen? Es ist unser Anliegen, dass Sie das Alte Testament besser kennen, verstehen und schätzen lernen.

Im letzten Kapitel über das Alte Testament (Kapitel 10) geben wir einige Hinweise darauf, wie wir am besten mit unterschiedlichen Arten von alttestamentlicher Literatur umgehen können. Was ist die Aufgabe der sogenannten »Geschichtsbücher«, der »literarischen Kunstwerke« oder der prophetischen Literatur?

Die Geschichte Israels in weniger als 200 Worten

Mit Abraham, Isaak, Jakob und ihren Nachkommen schuf Gott ein neues Volk. Er errettete es aus Hungersnot und später aus der ägyptischen Sklaverei. Am Berg Sinai schloss Gott mit seinem Volk einen Bund der Treue. Er versorgte und begleitete es durch 40 Jahre Wüstenwanderung und schenkte ihm das verheißene Land. Dort sollte Israel seinem Gott von Herzen dienen und eine Mustergesellschaft darstellen, in der sozialer Ausgleich und Gerechtigkeit sichtbar werden konnten. Israel wurde erst von Richtern geleitet. Propheten und Priester vermittelten dem Volk Gottes Wort und Vergebung.

Dann kam die Monarchie, als Gott in etwas einwilligte, was nicht seinem ursprünglichen Willen entsprach. Nach drei Königen fiel das Reich auseinander. Der nördliche, aus zehn Stämmen bestehende, Teil war bald abtrünnig und wurde deswegen von den Assyrern in Gefangenschaft geführt, aus der die meisten nie mehr zurückkamen. Der südliche, aus zwei Stämmen bestehende, Teil war Gott nur teilweise treu, sodass auch sie in Gefangenschaft geschleppt wurden, diesmal von den Babyloniern. Nach einem Machtwechsel zwischen den Babyloniern und den Persern schenkte Gott es, dass die meisten zurückkehren konnten. Nehemia und Esra leiteten Erneuerungsbewegungen, sodass viele Juden Gott treu blieben und weiterhin auf die versprochene zukünftige Rettung Israels warteten.

So ungefähr könnten wir die Geschichte Israels kurz und knapp zusammenfassen. Es ist jedoch gar nicht das Ziel des Alten Testaments, einen möglichst unparteiischen Überblick über die jüdische Geschichte zu geben. Stattdessen soll illustriert werden, dass Gott immer am Werk war. Und so finden wir im Alten Testament eine Vielzahl verschiedener Geschichten und Ereignisse, die aus den unterschiedlichsten Perspektiven erzählt werden.

Im Folgenden möchten wir eine bildhafte Beschreibung Israels durch den Propheten Hosea als Rahmen verwenden, um einige wichtige Aspekte der Geschichte Israels zu erläutern.

Vom Kind zum Erwachsenen

> *Der Herr sagt: »Als Israel noch jung war, gewann ich es lieb. Aus Ägypten rief ich es als meinen Sohn. Immer wieder rief ich die Leute von Israel durch meine Propheten, aber sie liefen von mir weg. Sie schlachteten Tiere für den Baal und verbrannten Opfer vor seinen Bildern. Dabei war doch ich es, der Efraïm die ersten Schritte gelehrt und es auf den Armen getragen hatte. Aber sie erkannten nicht, dass ich mich so um sie kümmerte. Ich war zu ihnen wie jemand, der sein Rind schonend am Strick zieht und es leitet; mit Seilen der Liebe leitete ich sie. Ja, ich war zu ihnen wie die Landleute, die ihrem Rind das Joch anheben, damit es leichter fressen kann, die sich sogar bücken, um ihm sein Futter hinzuhalten«* (Hosea 11,1–4).

In diesen Versen fließen mehrere Gottesbilder zusammen. Gott ist wie ein Elternteil. Gott verhält sich wie ein Vater oder eine Mutter. Wenn wir jedoch die alttestamentliche Kultur bedenken, in der zwischen männlichen und weiblichen Rollen klar unterschieden wurde, dann scheint es klar zu sein, dass Gott hier im ersten Teil eher in einer mütterlichen Rolle beschrieben wird. Natürlich können Väter genauso wie Mütter Kindern das Laufen beibringen und auch Väter nehmen Kinder auf die Arme. Aber die ursprünglichen Leser sind vermutlich eher auf die Idee gekommen, Gott verhält sich wie eine Mutter. Aber dann wechselt der Autor das Bild. Gott ist auch wie ein Bauer, vermutlich jetzt mit männlichen Eigenschaften. Er hilft dem Ochsen, indem er dessen Last erleichtert (ein interessanter Rollentausch!). Er bückt sich und füttert den Ochsen.

In unserer Sprache denken wir bei dem Begriff »Ochse« wohl vor allem an Eigenschaften wie schwerfällig und dickköpfig. Damals war ein Ochse jedoch ein wichtiger Teil des Haushalts, ein Helfer der Familie. Jesus fragte einmal: *»Was macht ihr, wenn euer Kind oder ein Ochse am Sabbat in den Brunnen fällt? Zieht ihr sie nicht sofort heraus?«* (Lukas 14,5; Hoffnung für alle). Das sollte natürlich nicht bedeuten, dass Kinder und Haushaltstiere gleichzusetzen seien, aber dass beide die gleiche väterliche Fürsorge beanspruchen konnten. In 5. Mose 25,4 (Hoffnung für alle) steht: *»Wenn ihr mit einem Ochsen Getreide drescht, dann bindet ihm nicht das Maul zu«,* und das Neue Testament versteht dies als: *»Wer arbeitet, hat ein Anrecht auf seinen Lohn«* (1. Timotheus 5,18). Ein Ochse war also ein geschätztes Tier. Das Hauptbild im oben zitierten Text ist jedoch eher das eines geliebten Sohnes.

Was sagt Gott mit diesen Bildern aus? Gott hat einen Sohn gezeugt – Israel. Als »Sohn Gottes« kam Israel als Gottes Ebenbild zur Welt. Israel wurde von Gott versorgt und erzogen. Aber als Israel alt genug war, eigene Entscheidungen zu treffen, lief es von Gott weg. In jugendlicher Rebellion rannte Israel anderen Göttern nach. Mit dem Bund der Treue war etwas schiefgelaufen. Gott hatte alles für Israel getan, was es brauchte. Wie eine liebevolle Mutter hatte Gott Israel das Laufen beigebracht und es auf die Arme genommen. Wie ein sorgender Bauer hatte Gott Israels Last erleichtert und ihm alles Notwendige geschenkt. Im Gegenzug aber hatte Israel gar nicht erst gemerkt, wie gütig Gott war, nicht erkannt, dass es Gott, Jahwe, war, der alles für sein Volk getan hatte. Es lief vor seinem Gott davon, betete fremde Götter an und weigerte sich, auf Gottes werbende Stimme zu hören.

Die rührendste Zeile im oben zitierten Text ist diese: *»Mit Freundlichkeit und Liebe wollte ich sie gewinnen«* (Hosea 11,4; Hoffnung für alle). Warum musste Gott sein Volk *gewinnen?* Gott hatte dieses Volk ins Leben gerufen, aus Ägypten gerettet, zu seinem eigenen Volk gemacht. Gott und Israel waren verbündet. Israel gehörte Gott. Gott hatte für Israel alles getan, was Israel für sich selbst nicht tun konnte. Und jetzt muss Gott Israel *gewinnen?* Ja, denn Gott respektierte Israels freie Entscheidung, davonzulaufen. Gott *zwang* Israel nicht, zurückzukommen. In Freundlichkeit und Liebe gab er nie die Hoffnung auf, dass Israel *freiwillig* zurückkehren würde.

Das ist die alttestamentliche Geschichte – Fürsorge von der Seite Gottes, Davonlaufen seitens Israel, Zurückgewinnen als das unaufgebbare Ziel eines Gottes, dem der Laufpass gegeben wurde. Lassen Sie uns diese drei Aspekte der Geschichte Israels kurz etwas näher anschauen: Fürsorge, Weglaufen, Zurückgewinnen.

Fürsorge

In der Wüste versorgte Gott sein Volk mit Manna und Wachteln (2. Mose 16,4–15) und sobald sie ins verheißene Land kamen, mit Milch und Honig (4. Mose 13,27). Ob Israel nun seine Nahrung durch natürliche Vorgänge in der Natur fand oder durch das außergewöhnliche direkte Eingreifen Gottes, es war immer ein Geschenk Gottes. Auch das verheißene Land selbst war ein Ausdruck seiner Fürsorge. Dort sollte Israel sich ausbreiten und seine Aufgabe verwirklichen, ein Licht auf dem Berg zu sein, damit die Nachbarvölker sehen und staunen sollten, wie ein treues Gottesvolk aussah.

Auf sich allein gestellt, konnte Israel keine Mustergesellschaft sein. Und so gab Gott konkrete Anweisungen, die für Gerechtigkeit im Miteinander sorgen sollten. *Der Zehnte* wurde erhoben, um wichtige Aspekte des religiösen Lebens finanziell zu unterstützen und um denen zu helfen, *»die kein eigenes Land haben, und für die Ausländer, die Waisen und die Witwen. Sie können sich davon nehmen, was sie brauchen. Wenn ihr sie gut versorgt, wird der Herr, euer Gott, euch segnen und all eure Arbeit gelingen lassen«* (5. Mose 14,29; Hoffnung für alle).

Darlehen sollten freigiebig und zinslos verfügbar gemacht werden, damit die Reichen nicht von der Armut der Armen profitierten (3. Mose 25,36). Der *Sabbat* sollte dafür sorgen, dass die Anbetung Gottes und die Gemeinschaft untereinander einen angemessenen Platz im Leben der Menschen fanden, dass die Menschen ihr Vertrauen auf Gott (und nicht auf ihr eigenes Schaffen) setzten, und dass Arbeiter und Tiere nicht ausgenutzt wurden. Der

Sabbat sollte ein heiliger (ausgesonderter) Tag sein, der zur Ehre des schöpferischen und vorsorgenden Gottes gehalten wurde.

Das *Brachjahr,* das nach 3. Mose 25,5 alle sieben Jahre stattfand, sollte die gleichen Ziele verfolgen, aber daneben die Gesellschaft wieder ausgleichen – Darlehen sollten in Spenden umgewandelt und Sklaven befreit werden. Die radikalste Verordnung war das *Jubeljahr,* das nach 3. Mose 25 alle 50 Jahre stattfinden sollte, in dem nicht nur Schulden erlassen und Sklaven befreit werden sollten, sondern in dem auch alles Land erneut fair verteilt werden sollte. Diese Anweisungen gehen uns vielleicht gegen den Strich, denn wir sind oft der Meinung, unser Besitz gehöre uns. Aber Israel sollte ganz klar wissen, dass alles Gott gehört: *»Besitz an Grund und Boden darf nicht endgültig verkauft werden, weil das Land nicht euer, sondern mein Eigentum ist. Ihr lebt bei mir wie Fremde oder Gäste, denen das Land nur zur Nutzung überlassen ist«* (3. Mose 25,23).

Ob Israel diese Anweisungen wirklich alle durchführte? Sicherlich nicht immer, denn sonst hätten die Propheten nicht zu sagen brauchen: *»Bringt den zehnten Teil eurer Erträge unverkürzt zu meinem Tempel, damit meine Priester nicht Hunger leiden. Habt keine Sorge, dass ihr dann selber in Not kommt! Stellt mich auf die Probe«, sagt der Herr, der Herrscher der Welt, »macht den Versuch, ob ich dann nicht die Fenster des Himmels öffne und euch mit Segen überschütte!«* (Maleachi 3,10). Israel verstand nicht, dass die oben aufgelisteten Anweisungen zu ihrem Wohl dienen sollten. Wie gut es ihnen ergangen wäre, wenn sie gehorcht und das Jubeljahr durchgeführt hätten! Es gibt in der Bibel leider keine Hinweise darauf, dass Israel das Jubeljahr jemals in die Tat umsetzte. Offenbar hatte Israel nicht verstanden, dass Gott mit seinen Ordnungen nur das Beste für sie wollte. Geht es uns da heute anders?

Gott zeigte seinem Volk auch, wie es mit seinen Nachbarn umgehen sollte. Wir meinen oft, dass Feindesliebe erst mit Jesus begann. Aber schon bevor Israel ins verheißene Land zog, sagte Gott deutlich: *»Unterdrückt nicht die Fremden, die bei euch im Land leben, sondern behandelt sie genau wie euresgleichen. Jeder von euch soll seinen fremden Mitbürger lieben wie sich selbst. Denkt daran, dass auch ihr in Ägypten Fremde gewesen seid«* (3. Mose 19,33–

34). Hätte Israel das praktiziert, wären sie wirklich eine Stadt auf dem Berg und ein Licht in der Dunkelheit gewesen. Es fehlte nicht an Gottes Hilfestellungen zu einem anderen Leben, sondern an der Bereitschaft Israels, radikal nach den Anweisungen Gottes zu leben.

Zu Gottes Fürsorge für sein Volk gehörte auch eine göttliche Leiterschaft. Leider waren nicht alle Leiter Israels vorbildliche Mitarbeiter Gottes. Wenn das Volk falsche Wege einschlug, schickte Gott jedoch immer wieder Richter wie Debora und Gideon, Propheten wie Samuel und Elia, Könige wie David und Josia, Reformatoren wie Esra und Nehemia. Nicht dass diese Menschen immer nur vorbildlich gewesen wären. Gideon führte Israel in falsche Anbetung, David war bekanntlich ein Ehebrecher und Anstifter zum Mord. Gott gebrauchte aber selbst solche Anführer, um sein Volk Israel zur Treue zurückzurufen.

Zu Gottes Fürsorge im Alten Testament gehören auch Strafmaßnahmen. Wenn Israel keine andere Sprache verstand, schickte Gott auch Gerichtsurteile, um sie auf den richtigen Weg zurückzubringen. Manchmal waren das Naturkatastrophen, manchmal feindliche Armeen, manchmal auch Großmächte, die Israel in die Gefangenschaft schleppten. Es ist das Zeugnis des Alten Testaments, dass Gott solche Geschehnisse benutzte, um sein Volk wieder zur Treue zurückzurufen. Manchmal halfen solche Ereignisse – aber nur manchmal.

Sehen wir uns nun an, wie Israel gewöhnlich auf Gottes fürsorgliche Hilfe reagierte.

Weglaufen

Im Urteil Gottes nach Hosea 11,1–4 lief Israel wie ein undankbares Kind vor der Freundlichkeit und Liebe Gottes davon. Es gab sicherlich Ausnahmen, einzelne Menschen, die versuchten, Gott treu zu bleiben. Es gab auch Zeiten, in denen Erneuerungsbewegungen das Volk zu Gott zurückbrachten und die Menschen Gott von Herzen anbeteten. Im Alten Testament finden wir jedoch tatsächlich allzu oft das Bild eines davonlaufenden Kindes oder sogar das einer ehebrecherischen Frau – *»Denn das ganze Land ist mir* *untreu geworden und läuft wie eine Hure fremden Göttern nach«* (Hosea 1,2).

Erinnern wir uns an die drei großen Verheißungen (siehe Kapitel 5), die Gott den Israeliten bei der Schließung des Bundes am Sinai gegeben hatte:

1. Ich werde für euch sorgen.
2. Ich werde für euch kämpfen.
3. Ich werde euch führen.

Genau in diesen drei Bereichen fiel Israel von Gott ab. Statt sich auf diese Verheißungen zu verlassen, suchten sie bei anderen Göttern Hilfe oder versuchten, die Dinge selbst in die Hand zu nehmen.

Weil Gott versprochen hatte, ***für sie zu sorgen,*** hätte Israel großzügig sein sollen. Weil Gott versprochen hatte, sie würden keinen Mangel leiden, hätten sie bereit sein sollen, Gott den ganzen Zehnten zu geben. Hätten sie großzügig mit Hilfsbedürftigen geteilt, wäre eine Gemeinschaft entstanden, in der alle versorgt sind. Israel weigerte sich jedoch oft, den Zehnten zu geben, Hilfsbedürftige zu unterstützen oder einfach, Gott zu vertrauen. Sie verehrten andere Götter und beteten zum Beispiel Fruchtbarkeitsgottheiten wie Baal und Aschera an. Wie die anderen Völker gaben sie sich dem Glauben hin, sie könnten die Fruchtbarkeit auf Erden durch religiöse Rituale beeinflussen. Die Götter sollten angeregt werden, in der himmlischen Welt fruchtbar zu sein, damit es auch auf der Erde fruchtbar würde. Zu solchen Ritualen gehörte auch die Tempelprostitution. Diese sexuellen Sünden waren um so verwerflicher, weil sie Teil des Götzendienstes waren.

Israel glaubte eigentlich nicht, dass Gott ***für sie kämpfen würde.*** Das Problem der alttestamentlichen Kriege werden wir im neunten Kapitel besprechen. Hier genügt es festzuhalten, dass Israel sein Vertrauen auf Gott hätte setzen sollen und nicht auf internationale Bündnisse. Gottes Wort an Israel war: *»Der Herr wird für euch kämpfen, ihr selbst braucht gar nichts zu tun«* (2. Mose 14,14). Es ging eben nicht darum, die größte Armee des Nahen Ostens aufzubauen. Aber auch in diesem Bereich war Israel oft untreu. Selbst die Einführung der Monarchie wird mit der Notwendigkeit militärischer Stärke begründet: *Doch das Volk wollte nicht auf Samuel hören. Alle riefen: »Nein, wir wollen einen König! Es soll bei uns genauso sein wie bei den anderen Völkern! Ein König soll uns Recht sprechen* ***und uns im Krieg anführen!«*** (1. Samuel 8,19–20). Gott beurteilte auch dieses Vorhaben als Ablehnung (1. Samuel 8,7).

Es war Israel nicht genug, dass Gott ***sie führen würde.*** Andere Völker hatten auch Könige. Diese Völker glaubten, dass ihre Götter sie *durch die Macht des Königtums* führten. Bei Israel sollte es anders sein. Gott selbst wollte Israels König sein. Natürlich sollten ihm Menschen dabei zur Seite stehen. Richter sollten versuchen, Gottes Urteil zu erkennen, Propheten waren beauftragt, Gottes Wort zu hören und weiterzusagen, und Priester hatten die Aufgabe, Anbetung und Vergebung zwischen Gott und den Menschen zu vermitteln.

Als Israel einen König verlangte, verließ das Volk die von Gott geplante Ordnung. Ab diesem Zeitpunkt waren die Könige die eigentlichen Machthaber und die religiösen Leiter des Volkes waren deren Willkür ausgesetzt. Dass es mit Israel nicht gleich aus war, hat nichts mit Israels Treue, sondern nur mit Gottes Gnade zu tun.

Betrachten wir, wie Gott in seiner Gnade immer wieder versuchte, das Volk zurückzugewinnen.

Zurückgewinnen

Gleich zu Beginn des Bundes zwischen Gott und Israel erteilte Gott dem Volk genaue Anweisungen, wie sie eine *Stiftshütte* errichten sollten. Diese Stiftshütte war ein Zelt, das immer wieder ab- und aufgeschlagen werden konnte. Gott war mit Israel auf dem Weg. Er wohnte mitten im Lager, mitten unter seinem Volk. Wohin auch immer er Israel führte, ging er mit. Die Stiftshütte symbolisierte und ermöglichte das Zusammenleben Gottes mit seinem Volk.

Es ist übrigens das gleiche Bild, das Johannes benutzt, als er das Kommen von Jesus beschreibt: *»Und das Wort wurde Fleisch und wohnte* [wörtlich: *zeltete*] *unter uns«* (Johannes 1,14; Rev. Elberfelder).

Der hebräische Begriff »Stiftshütte« bedeutet »Zelt der Begegnung«. Dieses Zelt sollte ein Treffpunkt sein, an dem Israel mit seinem Gott in Kontakt treten konnte. Israel versammelte sich dort, um Gott anzubeten, um Sündenvergebung zu suchen, um sich daran zu erinnern, was Gott bereits für sie getan hatte, und um den Bund mit ihm zu erneuern. Es ging nicht darum, dass sich das Volk *in diesen Versammlungen* wie ein heiliges Volk hätte verhalten sollte. Israel hätte vielmehr durch diese Versammlungen, Klarheit und Hilfe gewinnen sollen, um ihr *ganzes Leben* als ein heiliges, also für Gott abgesondertes, Leben zu gestalten. Auch unsere Gottesdienste heute sollten dazu dienen:

- dass wir immer wieder in Gottes Gegenwart kommen und immer wieder zu ihm zurückkehren;
- dass wir immer wieder miteinander entdecken, was es heißt, *im alltäglichen* Leben ein heiliges Volk zu sein, und uns für dieses Leben ausrüsten lassen.

Auch das ganze *Opfersystem* sollte dazu dienen, dass alle, die sich von Gott entfernt hatten, zu ihm zurückkehren konnten. Der Priester handelte stellvertretend für das ganze Volk. Wenn er betete, betete das ganze Volk. Wenn er Buße tat, tat es das ganze Volk. Die geschlachteten Tiere wurden Gott als Sühne für die Sünden des Volkes geweiht. Auch einzelne Personen brachten manchmal Tiere oder Getreide als Opfer. Sie brachten diese aber nicht direkt zu Gott, sondern zum Priester, der dann stellvertretend für sie vor Gott trat. Durch solche symbolischen Handlungen traten Menschen vor Gott und erneuerten so den Bund mit ihm.

Später übernahm der *Tempel* die Rolle der Stiftshütte. Gott gebot Israel, eine Stiftshütte zu bauen – der Tempel war letztendlich eine menschliche Idee. Die Monarchie war bereits ein Schritt in die Richtung, »wie andere Völker zu werden«. Der Tempelbau scheint ein weiterer Schritt in diese Richtung zu sein. Gott benutzte den Tempel dennoch, um seine Gegenwart unter seinem Volk greifbar zu machen.

Manchmal hing Israel mehr an seinem Tempel als an dem Gott, der dort wohnte. Sie dachten, es reiche schon, Tempelzeremonien durchzuführen. Gott machte jedoch sehr deutlich, dass es ihm um das Herz der Menschen ging: *»Wenn jemand mir treu ist, so ist mir das lieber als ein Schlachtopfer. Und wenn jemand mich erkennen will, freut mich das mehr als jedes Brandopfer!«* (Hosea 6,6; Hoffnung für alle). Viel später lobte Jesus einen Schriftgelehrten, der richtig erkannt hatte: *»Ihn* [Gott] *zu lieben von ganzem Herzen, mit ganzem Verstand und mit aller Kraft und unsere Mitmenschen zu lieben wie uns selbst, das ist viel wichtiger als alle die Brandopfer und anderen Opfer, die wir ihm darbringen«* (Markus 12,33).

Gott versuchte oft, Israel durch seine Sprachrohre, die *Propheten,* wieder zurückzugewinnen. Auch Anführer wie der Schriftgelehrte Esra und der Statthalter Nehemia waren Werkzeuge Gottes, um Israel wieder zurück zu Gott zu führen.

Vor allem in den Psalmen lesen wir nicht selten von dem *Gesetz,* das Menschen auf dem Weg zu und mit Gott leiten sollte. *Wie glücklich sind alle, die du, Herr, erziehst, denen du Wissen gibst durch dein Gesetz!* (Psalm 94,12). *Wer dein Gesetz liebt, der hat Glück und Frieden, kein Hindernis kann ihn zum Straucheln bringen* (Psalm 119,165).

Allmählich kamen *Schriften* hinzu. Die Israeliten lebten natürlich in der Zeit, in der die alttestamentlichen Schriften noch im Entstehen waren. Aber auch die Schriftrollen, die sie schon hatten, dienten dazu, Israel zurück zu Gott zu rufen. Zur Zeit des Königs Josia waren es vergessene und wiedergefundene Schriftrollen, durch die Gott Israel erneuerte (2. Könige 23).

Im Alten Testament wird noch nicht von *Synagogen* gesprochen. Erst in den späteren Jahren der alttestamentlichen Zeit begannen die Israeliten, Gebets- und Unterrichtshäuser zu bauen, die später als Synagogen bekannt wurden. Die Versammlungen, die dort stattfanden, waren Vorläufer der späteren christlichen Zusammenkünfte. Die Christen bauten zwar zunächst keine Gebetshäuser, versammelten sich aber in ihren Häusern, um Gottes Wort zu hören, Gemeinschaft miteinander zu haben, Gott anzubeten und gemeinsam darüber nachzudenken, was es heißt, Gottes treues Volk zu sein.

Schließlich sind noch die *prophetischen Verheißungen* zu nennen. Gott rief sein Volk zur Treue, in dem er ihnen Hoffnung gab. Als manches im Dunkeln lag, sprach Gott durch seine Propheten: *»Ich schaffe jetzt etwas Neues! Es kündigt sich schon an, merkt ihr das nicht? Ich werde eine Straße durch die Wüste legen und lasse dort Ströme fließen«* (Jesaja 43,19). So konnte Israel hoffnungsvoll in die Zukunft blicken und erwarten, was Gott noch tun würde.

So endet das Alte Testament – mit unerfüllten Verheißungen eines Gottes, der seinem Wort immer treu bleibt. Im Vertrauen auf diesen Gott lebte Israel vorwärtsschauend, bis derjenige kam, der bekannt machte: *»Es ist so weit: Jetzt wird Gott seine Herrschaft aufrichten und sein Werk vollenden. Ändert euer Leben und glaubt dieser guten Nachricht!«* (Markus 1,15).

Ausblick

Wenn im Alten Testament alles so ermutigend und hoffnungsvoll klingen würde, wären die nächsten beiden Kapitel dieses Buches überflüssig. Doch viele Bibelleser stoßen regelmäßig auf Stellen, die weniger leicht zu verdauen sind. Weil es im Alten Testament eben auch schwierige Abschnitte gibt, wollen wir einige davon direkt aufgreifen.

Weiterführende Fragen

1. Fürsorge, Weglaufen, Zurückgewinnen – stimmen Sie den Autoren zu, dass die Hauptbotschaft des Alten Testaments in diesen drei Begriffen zusammengefasst werden könnte?
2. Welche Relevanz erkennen Sie in alttestamentlichen Einrichtungen wie dem Sabbat, Brachjahr, Jubeljahr usw.?
3. Welche Bedeutung sehen Sie in Einrichtungen wie der Stiftshütte, dem Tempel (und später Synagoge), dem Opfersystem, dem Gesetz, den prophetischen Verheißungen usw.?

Kapitel 8

Schwierige Themen beim Lesen des Alten Testaments

Vielen Menschen geht es mit dem Alten Testament vielleicht so: »Als ich begann, das Alte Testament zu lesen, war es interessant. Aber irgendwann verlor ich dann die Motivation: Ich stieß auf langweilige und unverständliche Stellen und außerdem war mir oft nicht klar, was das alles mit mir zu tun haben sollte. Ich gab einfach auf.«

Schade! Aber wir können diese Erfahrung natürlich verstehen. In meiner, Tims, Kindheit las mein Vater jeden Morgen drei Kapitel aus der Bibel vor, während unser Frühstück kalt wurde. Ich verdanke zwar einen Großteil meines Bibelwissens diesen Lesungen – aber natürlich schalteten meine Geschwister und ich oft ab, wenn mein Vater ein Kapitel nach dem anderen vorlas und das, was wir da hörten, uns weder interessant noch wichtig vorkam. Heute finde ich das Alte Testament – bis auf wenige Ausnahmen – faszinierend. Vermutlich hängt es damit zusammen, dass wir inzwischen gelernt haben, mit der Sprache (und wie sie funktioniert) und mit Erzählungen (und wie die funktionieren) umzugehen.

Außerdem wissen wir heute mehr darüber, wie wir mit dem Alten Testament umgehen sollen. Hier einige Gedanken, die hoffentlich auch Ihnen weiterhelfen.

Porträts des wahren Gottes

Eines Tages werden wir Gott *»von Angesicht zu Angesicht«* sehen (1. Korinther 13,12; Hoffnung für alle). Bis dahin bleiben uns allerdings nur menschliche Worte, um zu versuchen, Gott zu beschreiben. Und gerade darin liegt das Problem: Worte können das Wesen Gottes nicht besonders gut erfassen. Auch in der Bibel haben wir nichts außer Worten – Worte, die etwas vermitteln wollen, was sich durch Sprache nicht ausdrücken lässt. Wenn wir in Lehrbüchern über Systematische Theologie blättern, finden wir oft ein Kapitel über »Gott«. Dort wird dann eine lange Liste von abstrakten Eigenschaften und Attributen aufgezählt, die Gott beschreiben sollen (zum Beispiel »unveränderbar«, »unverfügbar«, »allgegenwärtig« usw.). Wenn ich, Tim, mich nicht täusche, dann listete das Buch, mit dem wir vor 40 Jahren in der Bibelschule arbeiteten, 18 solcher Attribute auf. Für jede Eigenschaft Gottes gab es dann ungefähr fünf Bibelverse, die angeblich aufzeigten, dass Gott diese Eigenschaft tatsächlich hat. Wie leicht werden dabei Verse aus dem Zusammenhang gerissen. Doch das störte mich damals wenig – wir dachten: »Jetzt haben wir Gott verstanden!«

Irgendwann einmal begann ich mich zu fragen, ob jemand *mich* verstehen – wirklich verstehen – würde, wenn er oder sie *meine* 18 Eigenschaften auflisten und dann Beweismaterial dafür sammeln würde. Ich bin heute sehr skeptisch, dass wir Gott in sorgfältig formulierten Lehraussagen angemessen beschreiben können. In solchen Listen definieren wir letztendlich nur Begriffe über Gott, können Gott damit aber nicht besser verstehen und kennenlernen.

Interessanterweise versucht das Alte Testament nur selten, abstrakte Glaubenslehren zu formulieren. Das Alte Testament bietet uns stattdessen bildliche Beschreibungen an, was Gott für uns ist (Schöpfer, König, Hirte usw.). Aber diese Tatsache regt dann die Frage an, wie Gott *wirklich* ist. Ist er so, wie die eher abstrakten Formulierungen der Glaubenslehre ihn definieren? Oder ist er eher so, wie die biblischen Bilder ihn darstellen? Was, wenn beide sich widersprechen oder wir mit manchen Bildern nicht klarkommen?

Aus unserer Sicht täten wir gut daran, wenn wir die Bildersprache ernster nähmen. Gründe, warum manche Ausleger das nicht tun, sind unserers Erachtens:

- Sie können mit den »schwierigen« Beschreibungen nichts anfangen. Neben den zugänglicheren sind dies Bilder von Gott als Krieger (Psalm 78,65), Gott als jemand, der Wetten abschließt (Hiob 2,3–6), Gott als Betrüger (1. Könige 22,22) oder Gott, der eifersüchtig und zornig ist (5. Mose 6,15).
- Auch bei positiveren Bildern wissen Ausleger nicht immer ganz genau, welche Facetten eines Bildes relevant sind. Wenn Gott als König beschrieben wird, soll damit seine Macht, seine Männlichkeit oder seine Regierungsweise aufgezeigt werden? Wenn Gott als Töpfer dargestellt wird, geht es darum, dass er Menschen zu ihrem Schicksal zwingen kann? Oder geht es darum, dass er nie aufgibt, wenn etwas schief geht? Oder dass er jeden Einzelnen zu etwas ganz Besonderem macht? Manchmal vermeiden die Verfasser theologischer Bücher problematische Inhalte, die bei manchen der Bilder mitschwingen.
- Vielleicht wollen Ausleger sich auch einer philosophisch akzeptablen Sprache bedienen. Die Bilder des Alten Testaments sind manchmal so alltäglich, so profan. Und so leihen sich Theologen dann Begrifflichkeiten und Ansätze aus der Philosophie aus, um die Gottheit zu beschreiben. Dann wird zwar eine Gottheit beschrieben, aber ob das noch der Gott Israels ist?

Es entstehen zwei Probleme, wenn wir die Bildersprache des Alten Testaments außer Acht lassen. Erstens, wir verlieren mit den schwierigen bildlichen Ausdrücken auch alle wunderbaren – Gott als Hirte, Winzer, Schöpfer usw. Zu diesen Bildern gehören auch die zahlreichen Namen, die für Gott verwendet werden: *Herr der Heerscharen* (Psalm 46,8; Rev. Elberfelder), *mein Gott und mein König* (Psalm 84,4; Einheitsübersetzung), *ein fester Turm ist der Name des Herrn* (Sprüche 18,10; Einheitsübersetzung).

Zweitens, Begriffe aus der Philosophie widersprechen leicht den Aussagen des Alten Testaments. Einige Götter aus der griechischen Mythologie waren vielleicht »unverfügbar, leidenschaftslos und unbeeinflussbar«. Aber der Gott Israels ist ganz anders. Gott leidet sehr wohl mit seinem Volk mit. Natürlich ist Gottes Treue unveränderbar. Aber im Alten Testament ändert Gott scheinbar immer wieder seine Absichten und Pläne, wenn er auf das Handeln der Menschen reagiert. Gott gab uns das Alte Testament und dessen Beschreibungen, um ihn kennenzulernen. Deshalb dürfen wir unseres Erachtens die Bilder der Bibel nicht mit philosophischen Begriffen ersetzen.

Statt Lehraussagen zu treffen, zeichnet das Alte Testament uns verschiedene Porträts. Es war den Israeliten verboten, Bildnisse von Gott zu malen oder zu modellieren. Sie verwendeten jedoch ständig sprachliche Bilder und jedes Bild erfasst einen Aspekt (oder einige Aspekte) dessen, wie Gott ist und wie er mit der Menschheit und mit seinem Volk umgeht. Wenn wir verstehen, wie die Bildersprache des Alten Testaments funktioniert, dann verschwinden manche der Probleme, die wir damit haben. Diese Sprachbilder ermöglichen uns, einen flüchtigen Blick auf Gott zu werfen.

Wenn wir aus der Bildersprache des Alten Testaments keine wissenschaftlich hieb- und stichfesten Lehraussagen destillieren können, dann sollten wir vielleicht mit den Bildern, die wir haben, zufrieden sein. Die Bilder vermitteln uns Hinweise darauf, wie die Wirklichkeit aussieht. Das mag uns vielleicht etwas unbefriedigend erscheinen, aber bis wir Gott von Angesicht zu Angesicht sehen, haben wir das, was Gott uns gab, und das sind hauptsächlich die Sprachilder. Wir nehmen die Sprache also ernst, sehen uns die bildhaften Ausdrücke an und achten dann darauf, die Bilder nicht mit der Realität zu verwechseln. Die Bilder sind nicht Gott, sie geben bestimmte Aspekte seines Wesens wieder.

Die bildlichen Ausdrücke des Alten Testaments waren nicht als »genaue Beschreibungen« gedacht. Beispiele aus dem Neuen Testament helfen uns, das zu verstehen. Jesus wird in Offenbarung 16,15 mit einem Dieb verglichen. Aber der Vergleichspunkt ist *nur* die Unberechenbarkeit seines Eintreffens. An anderen Stellen werden sowohl Jesus (Offenbarung 5,5) als auch der Teufel

(1. Petrus 5,8) mit einem Löwen verglichen. Der eine herrscht königlich, der andere zerstört wie ein Ungeheuer. Die biblischen Bilder geben uns viele Einsichten in das Wesen Gottes. Aber wir sollten keines dieser Bilder bis ins Letzte analysieren, um möglichst viele Vergleichspunkte zu finden. Und ganz bestimmt sollten wir nicht alle Bilder in einen Topf werfen, um sie miteinander zu vermischen. Jedes Bild gibt uns Hinweise darauf, wie Gott ist. Das geschieht aber nur, wenn wir jedes Bild als Einzelbild stehen lassen. Sobald wir viele Bilder miteinander vermischen, sehen wir nicht *mehr,* sondern *weniger*.

Wir leben in einer Spannung und müssen damit leben. Ja, das Alte Testament beschreibt Gott, aber nicht in der Fülle wie es nach dem Kommen von Jesus geschah, und erst recht nicht so vollständig, wie es einmal sein wird, wenn wir Gott gegenüberstehen.

Die Bilder des Alten Testaments sind jedoch Offenbarungen Gottes, die uns helfen, Gott kennenzulernen. Und das geschieht am effektivsten, wenn wir Folgendes in Betracht ziehen:

- Die bildliche Sprache des Alten Testaments versucht gar nicht erst, Gott bis ins Detail widerzuspiegeln. So eine klare Sicht von Gott ist uns noch vorbehalten, denn: *Jetzt sehen wir nur ein unklares Bild wie in einem trüben Spiegel; dann aber schauen wir Gott von Angesicht. Jetzt kennen wir Gott nur unvollkommen; dann aber werden wir Gott völlig kennen, so wie er uns jetzt schon kennt* (1. Korinther 13,12).
- Die meisten Bilder verwenden menschliche Eigenschaften, die nur zum Teil wirklich auf Gott zutreffen. Gott hat keine Körperteile wie Hände und Arme. Wir nennen dies »Anthropomorphismus« – die Vermenschlichung und das Hineinlegen des Menschlichen in die Beschreibung von Gott. Sogar Charakterzüge wie »barmherzig«, »treu« und »zornig« bedeuten nicht genau das Gleiche, wenn sie sich auf Gott beziehen, als wenn sie Menschen beschreiben.
- Die Gottesbilder spiegeln die Perspektive des alttestamentlichen Gottesvolkes wider. Das heißt natürlich nicht, dass die Gottesbilder des Alten Testaments *nur menschliche Versuche* darstellen, Gott zu erfassen. Nein, denn dann wäre das Alte

Testament tatsächlich unzuverlässig und unwürdig, »Wort Gottes« genannt zu werden. Der Gott des Alten Testaments wäre dann nicht mehr als das Porträt einer lokalen Gottheit, das die nationalen Bestrebungen des damaligen Volkes widerspiegelt, genauso wie es auch andere Völker taten. Nein, Gott offenbarte sich seinem Volk in einer Sprache und in Begriffen, die sie verstanden. Je mehr wir das Alte Testament aus *ihrer* Perspektive lesen können, desto einleuchtender werden auch die Gottesbilder, die sie uns weitergaben.

- Das Neue Testament zeigt uns jedoch deutlicher als nur das Alte Testament alleine, wie Gott ist. Gott wusste, dass die alttestamentlichen Bilder nicht ausreichend waren. Das war auch mit ein Grund, warum er seinen Sohn sandte. Jesus ist so viel mehr als Bildersprache. Wir schauen auf Jesus und lernen von ihm, Gott besser zu verstehen. Die Eindrücke, die jemand aus dem Alten Testament alleine gewinnt, werden oft von Jesus korrigiert, vervollständigt oder besser erklärt. Mit dieser korrigierten Sichtweise schauen wir dann wieder ins Alte Testament und sehen dort schärfer, was vorher vielleicht noch unklar geblieben war.

Mit diesen Gedanken als Hintergrund wollen wir einige der wichtigsten Gott beschreibenden Bilder des Alten Testaments betrachten.

Gott als Schöpfer und Bewahrer: Gott erschuf den Himmel und die Erde und sein eigenes Volk. Himmel und Erde sind Gottes Kunstwerke und spiegeln seine Herrlichkeit wider. Auch wir Menschen tun dies und vor allem wir als Gottesvolk, wenn Gott in und durch uns zum Zuge kommen kann. Gott hat bis heute das Weltall bewahrt, trotz aller zerstörerischen Mächte und einer Menschheit, die Gottes gute Welt oft ausbeutet. Eines Tages wird dieser Schöpfer alles zu dem Ziel bringen, für das er ursprünglich alles erschaffen hatte und bis heute alles bewahrte.

Gott als Retter: Die Rettung der Welt und der Menschheit von der Macht der Sünde und ihren zerstörerischen Auswirkungen stellt die Hauptbotschaft der ganzen Bibel dar. In den letzten beiden

Kapiteln der Bibel begegnet uns eine (zukünftige) gerettete Welt und eine Menschheit, die endlich bereit sein wird, die Geschichte der ersten beiden Kapitel der Bibel fortzusetzen. Dies wird nicht das Ende aller Dinge sein, sondern ein ganz neuer Anfang!

Gott als Bundespartner: Im Alten Testament bietet Gott den Menschen immer wieder eine Partnerschaft an: Adam und Eva, Noah, Abraham, Mose, David. Im Neuen Testament ergeht dieses Bundesangebot durch Jesus dann an das erneuerte Volk Gottes (das heißt, an uns als seine Gemeinde). Gott in seiner Treue hält an seinen Partnern fest, auch wenn diese versagen. Dass Gott uns so ernst nimmt, uns zu sich einlädt, uns versorgt, beschützt und führt, mit uns die Geschichte gestaltet, uns zum Ziel bringen wird – das ist das Erstaunliche!

Gott als Ehemann: Die Welt des Alten Testaments war eine patriarchalische Welt. Von daher ist es kein großer Schritt vom Bild des »Bundespartners«, bei dem Gott der stärkere Partner ist, zum Bild vom »Ehemann«, bei dem Gott ebenfalls als der stärkere Partner beschrieben wird. Es geht dabei nicht in erster Linie um das Geschlecht Gottes. Gott wird im Alten Testament auch mit weiblichen Merkmalen (zum Beispiel Jesaja 66,12–13) dargestellt. Es geht darum, dass Gott für das Wohl der Beziehung zuständig ist. Es geht aber noch um mehr. Mit diesem Gottesbild wird deutlich, dass die Beziehung zwischen Gott und seinem Volk eine intime Liebesbeziehung ist, in der Gott treu bleibt und Vergebung und Wiederherstellung der Beziehung anbietet, auch wenn seine Ehefrau (sein Volk) ihm untreu ist.

Gott als Krieger: Gott erklärt sich selbst für Israels nationale Sicherheit zuständig. Israel sollte anders sein als die umliegenden Völker und nicht sein Vertrauen auf Könige mit großen Armeen setzen, sondern auf Gott. Sie sollten ihre Sicherheit nicht in internationalen Bündnissen suchen, sondern in der Abhängigkeit von Gott. Gott kämpft für Israel. *Wer sich auf Reiterheere verlässt, ist verlassen* (Psalm 33,17). *Der Herr selbst muss die Stadt beschützen, sonst ist jede Wache umsonst* (Psalm 127,1).

Gott als König: Israel hätte anders als die Nachbarvölker sein sollen und dazu gehörte auch die Staatsform. Statt einer Monarchie hätte Israel von gottesfürchtigen, religiösen Anführern (Richtern,

Propheten und Priestern) unter der Herrschaft Gottes angeführt werden sollen. Israel jedoch wollte einen König. Nach vielen klaren Warnungen erfüllte Gott Israel seinen Wunsch. Auch wenn Israel es nicht immer anerkannte, war letzten Endes Gott der wahre König Israels. Die Propheten beschreiben, wie Gott seine Herrschaft eines Tages bis ans Ende der Welt ausbreiten wird.

Gott als Vater: Dieses Bild betrachteten wir schon im letzten Kapitel. Es geht auch hier nicht um das Geschlecht. Israel wird sowohl als Sohn als auch als Ehefrau beschrieben, und Gott zugleich mit väterlichen und mütterlichen Zügen. Im letzten Kapitel beschäftigten wir uns mit diesem Bild, allerdings nur in Bezug auf *Israel* als »Sohn«.

In Sprüche 30,4 wird jedoch ein Rätsel gestellt: *Wer ist je in den Himmel hinaufgestiegen und als Wissender von dort herabgekommen? Wer hat je den Wind mit den Händen gepackt und das Wasser im Mantel eingebunden? Wer hat die fernsten Grenzen der Erde bestimmt? Wie heißt dieser Mann?* ***Und wer ist sein Sohn?***

Wir heute kennen den, der die Grenzen der Erde festsetzte: Es ist der Schöpfer des Himmels und der Erde. Aber wer ist der Sohn? Heute wissen wir: Es ist Jesus! Damals war dies jedoch ein Rätsel. Gott suchte einen treuen Sohn. Adam wird in der Bibel als »Sohn Gottes« beschrieben (Lukas 3,38), aber er blieb nicht treu. Salomon war ein »Sohn Gottes« (1. Chronik 17,13), aber auch er versagte. Wir besprachen bereits ausführlich, wie oft Israel als »Gottes Sohn« abtrünnig war. Am Ende des Alten Testaments erscheint Gott als ein treuer Vater, der noch immer auf der Suche nach einem treuen Sohn ist – bis er selbst seinen eingeborenen Sohn gab, um uns zu zeigen, was für einen großzügigen, barmherzigen himmlischen Vater wir haben. Und so haben wir jetzt das Vorrecht, Gott »Abba« (Vater) nennen zu dürfen. Wer das kann, erfährt durch Jesus: *Seht doch, wie sehr uns der Vater geliebt hat! Seine Liebe ist so groß, dass er uns seine Kinder nennt. Und wir sind es wirklich: Gottes Kinder!* (1. Johannes 3,1).

Wir schließen dieses Teil ab, in dem wir hören, wie Mose den wunderbaren Gott Israels beschreibt:

Preist unsern großen und erhabenen Gott! Ich rufe ihn bei seinem Namen, ihn, unsern Fels und starken Schutz! In allem, was er plant und ausführt, ist er vollkommen und gerecht. An niemand handelt er mit Trug und Tücke, er steht zu seinem Wort, denn er ist treu! ... Ist er es nicht, der euch geschaffen hat und wie ein Vater für euch sorgt? (5. Mose 32,3.4.6b).

Andere schwierige Themen

Im verbleibenden Abschnitt dieses Kapitels und vor allem im folgenden Kapitel sprechen wir weitere »Problemfragen« des Alten Testaments an. Statt diesen Problemen auszuweichen, wollen wir sie offen auf den Tisch legen und unsere Meinung dazu weitergeben. Wir nennen das Alte Testament (zusammen mit dem Neuen Testament) »das Wort Gottes«, »Offenbarung von Gott«, »eine inspirierte Wiedererzählung dessen, was Gott tatsächlich tat, und die Wiedergabe seiner Worte«. Wie können wir dies trotz der vielen Fragen und Einwände tun, die oft gegen die Bibel und besonders das Alte Testament erhoben werden? Eines dieser Probleme ist das »Belohnungsmuster« des Alten Testaments.

Schwarz-Weiß-Denken (das Belohnungsmuster)

Das Alte Testament scheint zu sagen: Wer Gutes tut, dem wird es gut gehen, aber wer Böses tut, dem wird es schlecht gehen. Das Alte Testament scheint in Schwarz-Weiß-Kategorien zu denken, die mit unserer Erfahrung jedoch absolut nicht übereinstimmen.

Zwei Beispiele: *Ich stelle euch heute vor die Wahl: Wollt ihr Segen oder Fluch? Der Segen wird euch zuteil, wenn ihr die Weisungen des Herrn, eures Gottes, die ich euch heute verkünde, befolgt. Der Fluch trifft euch, wenn ihr sie missachtet, wenn ihr den Weg, den ich euch weise, verlasst* (5. Mose 11,26–28). *Der Herr lässt niemand verhungern, der nach ihm fragt; aber wer ihn missachtet, dessen Gier bleibt ungestillt* (Sprüche 10,3).

Wie können wir damit umgehen? Erstens, dieses »Belohnungsmuster« ist nicht in allen Teilen des Alten Testaments gleich stark vertreten. Wir finden es vor allem im fünften Buch Mose, in manchen Psalmen und in den Sprüchen. Aber manche Bücher sowie andere einzelne Texte stellen die Allgemeingültigkeit dieser Denkweise infrage.

Nehmen wir zum Beispiel Psalm 73. *Gott ist gut zu Israel, zu allen, die ihm ganz vertrauen. Das kann niemand bestreiten!* Der Psalmdichter, der das bekennt, stellt dann fest, dass dies in den Augen der Menschen nicht immer stimmt. Am Ende lernt er, das Wort »gut« anders zu verstehen: *Gott zu nahen ist mir gut* (Psalm 73,28; Rev. Elberfelder). Das ganze Buch Hiob hat das Ziel, infrage zu stellen, ob man wirklich – wenn es jemanden schlecht ergeht – Rückschlüsse darauf ziehen kann, dass ein Mensch sündigte und Gott gegenüber ungehorsam war. Das Buch Hiob verneint diese Annahme sehr deutlich.

Texte, die versprechen, dass es denen, die Gottes Willen tun, gut gehen wird, sollen uns ermutigen, nach dem Willen Gottes zu leben. Doch das bedeutet nicht, dass dies *immer* und *automatisch* gleich geschehen wird. Stellen, die davor warnen, dass diejenigen bestraft werden, die falsche Wege gehen, sind genau das: Warnungen. Die ursprünglichen Leser und vor allem Gott selbst wussten nur allzu gut, dass das Leben oft viel komplexer ist, als dass es auf einen Nenner zu bringen wäre. Es geht in diesen Texten also nicht um einen Automatismus.

Die ursprünglichen Leser hatten wahrscheinlich weniger Mühe als wir, verschiedene Standpunkte nebeneinander stehen zu lassen. Woher wissen wir das? Weil sie diese Texte tatsächlich so nebeneinander stehen ließen. Wir versuchen viel zu schnell, alles zu harmonisieren oder in ein einheitliches Bild zu pressen. Wir hätten vielleicht gerne ein differenzierteres Schreiben der alttestamentlichen Autoren, aber vielleicht erwarten sie von uns ein differenzierteres Lesen. Einige Stellen wollen uns motivieren, Gott zu gehorchen (es lohnt sich!) andere, Gott zu vertrauen (auch die Gerechten leiden!), und wieder andere, Gottes Anweisungen ernster zu nehmen (Gott ist ein Gott, der auch bestraft!).

Viele alttestamentliche Texte wollen Menschen motivieren, über die Auswirkungen ihrer Entscheidungen und Handlungsweisen nachzudenken. In der »Regel« stimmt es, dass es uns besser geht, wenn wir unser Leben nach den Anweisungen Gottes richten, vor allem, wenn eine *Glaubensgemeinschaft* das tut. Dann werden

Ressourcen fairer verteilt, Menschen kümmern sich umeinander und vermeiden Aktivitäten, die ihre Gemeinschaft zerstören. Natürlich gibt es Natur- und persönliche Katastrophen, die nicht sofort als Gottes Strafe zu verstehen sind, aber auch sie können besser bewältigt werden, wenn sich Menschen gegenseitig helfen.

Das Alte Testament liefert »die Regel«, in der es uns am besten geht. Dass das Leben nicht immer fair ist, weiß das Alte Testament genauso wie jeder ehrliche Mensch auf der Erde. Doch, es stimmt: Ein Leben nach dem Willen Gottes lohnt sich, aber dieser »Lohn« wird manchmal in anderen Münzen ausbezahlt, als die Welt sie sammelt. Auch das Neue Testament erklärt deutlich, dass, wer auf irdische »Schätze« verzichtet, »Schätze« im Himmel finden wird.

Unglaubliches!

Wer kann glauben, dass eine Axt tatsächlich auf der Wasseroberfläche schwamm (2. Könige 6,4–7)? Wer mit einer rationalen Denkweise kann glauben, dass drei Männer es überlebten, in einen brennenden Ofen geworfen zu werden (Daniel 3,1–30), oder dass ein Esel tatsächlich mit einem Propheten schimpfte (4. Mose 22,28–30)? Und sollen wir wirklich glauben, dass die ganze Welt mit Wasser überflutet wurde, sogar die Spitze des Mount Everests (1. Mose 7,19–20)? Was wurde aus all den Wassermassen?

Manche Leser des Alten wie auch des Neuen Testaments stolpern darüber, dass in der Bibel so viele Wunder berichtet werden. Ihrer Meinung nach gibt es solche Ereignisse heute nicht mehr und deshalb können sie nicht glauben, dass sie wirklich geschahen. Und weil sie nicht an Wunder glauben können, finden sie auch andere Behauptungen der Bibel schwierig, denn sie wollen ihr Leben nicht auf Legenden und Märchen aufbauen.

Im Zeitalter der Moderne und des Rationalismus setzten die Bewohner der westlichen Welt großes Vertrauen auf das, was Wissenschaftler für »bewiesen« erklärten. Vor einem solchen Hintergrund waren Wunderzählungen ein großes Problem. In unserer sogenannten Postmoderne sind wir eher bereit, zuzugeben, dass wir die Welt und ihre Geheimnisse doch weniger verstehen, als wir früher dachten. Wenn glaubwürdige Zeugen behaupten, sie hätten ein Wunder erlebt, warum sollten wir dann daran zweifeln? Diese Denkweise stellt meines Erachtens einen guten Anfang dar.

Wer kann heutzutage noch an Wunder glauben? Wir zum Beispiel, und wir sagen auch gerne, warum. Wir möchten vier Gründe nennen, die uns überzeugen, dass es tatsächlich Wunder gibt.

- Wir denken, dass *die historischen Beweise* dafür, dass Wunder tatsächlich geschahen, überzeugend genug sind, dass jeder, der nicht von vornherein die Möglichkeit von Wundern ausschließt, gute Gründe hätte, daran zu glauben. Natürlich können wir nicht bei jedem der biblischen Wundererzählungen stichhaltig beweisen, dass es tatsächlich so war, wie ein Text es beschreibt. Aber es waren historisch glaubwürdige Zeugen, die bezeugten, dass Jesus von den Toden auferstand, um nur ein Beispiel zu nennen. Und solche glaubwürdigen Zeugen gibt es auch heute.
- Wir denken, *die Zuverlässigkeit der Bibel* hängt davon ab, dass die zentralen Hauptwundererzählungen (zum Beispiel die Auferstehung Jesu von den Toten) wahre Geschichten sind. Es hängt nicht allzu viel davon ab, ob eine Axt wirklich auf dem Wasser schwamm, aber es hängt sehr viel davon ab, ob die Auferstehungsgeschichte wahr ist oder nicht. Wenn jedoch dieses Wunder geschah, wer kann dann abgrenzen, wo Gott eingriff oder nicht und inwieweit er manchmal Naturgesetze auf den Kopf stellte?
- Wir denken, *die Wahrheit des Evangeliums* hängt davon ab, dass Gott wirklich eingriff und noch eingreift. Wer an das Evangelium glaubt, glaubt, dass Gott in unserer Welt aktiv wurde. Das Leben von Jesus lässt sich nicht durch die natürliche Ursache-Wirkung-Beziehung erklären. Hier hat Gott etwas Besonderes getan!
- Wir sind davon überzeugt, dass auch *wir persönlich Wunder erlebt haben* – nicht regelmäßig, vielleicht auch nicht so erstaunlich wie manche der biblischen Wunder, aber Gott hat auch in unser Leben eingegriffen. Viele andere Christen sagen dasselbe. Natürlich hätten wir immer gerne ein Wunder, wann immer wir in Schwierigkeiten kommen. Aber dass es nicht immer so ist, bedeutet nicht, dass es niemals geschieht.

- *Es ist absolut natürlich, dass Wunder geschehen können.* Manche Menschen, vor allem in der Moderne, behaupteten das Gegenteil. Sie argumentierten so: Das Universum sei ein geschlossenes System. Alles funktioniere genau nach den Regeln von Ursache und Wirkung. Gottes Eingreifen sei deswegen auszuschließen, weil Gott selbst die Welt »undurchlässig« gemacht habe.

  Aber das stimmt einfach nicht und man kann es auch leicht beweisen. Wenn ich einen Bleistift fallen lasse, können meine Zuschauer leicht vorhersagen, dass er auf den Boden fallen wird; schließlich kennen sie die Naturgesetze. Oder auch nicht: Wenn ich schnell meine andere Hand zwischen den Bleistift und den Boden halte, dann fällt er doch nicht auf den Boden. Dabei wurden die Naturgesetze nicht gebrochen, aber ich habe durch meine Handlungsweise die Berechenbarkeit des weiteren Laufes der Natur trotzdem unterbrochen. Wir tun solche Dinge jeden Tag. Naturgesetze gelten und wir beeinflussen trotzdem, was geschieht. Nur wer behauptet, dass es keinerlei freie Entscheidungen gibt, wird diesen Punkt bestreiten. Aber wenn *wir* den natürlichen Lauf der Dinge unterbrechen können, warum nicht *Gott?* Wenn wir etwas beeinflussen, nennen wir es einfach »menschliches Handeln«. Wenn Gott das tut, nennen wir es »ein Wunder«. Beide sind möglich und beide geschehen.

Weil wir an Wunder glauben, gehen wir davon aus, dass auch das Alte Testament die Wahrheit sagt, wenn es von Wundern redet.

Wir möchten noch einige weitere Überlegungen zum Thema anstellen. Die Wunder im Alten Testament stehen oft gar nicht im Mittelpunkt der Texte, die davon reden. Zum Beispiel wird das Buch Jona manchmal so verstanden, als ginge es vor allem um das Wunder, dass Gott einen großen Fisch schickte, um Jona vor dem Ertrinken zu retten. Darum geht es jedoch in diesem Buch gar nicht. Die größte Rettungsaktion Gottes in diesem Buch ist nicht die Rettung Jonas. Das Erstaunliche ist, dass Gott zu den Herzen der Einwohner Ninives sprach und sie Buße taten. Das Erstaunliche des Buches ist die Vergebungsbereitschaft Gottes, die viel größer ist als die des Propheten. Ein »heidnisches« Volk erfährt trotz der Kleinherzigkeit des Propheten die Barmherzigkeit Gottes. Manchmal sind die größten Wunder nicht diejenigen, über die wir am meisten staunen (oder die wir am meisten bezweifeln), sondern diejenigen, von denen wir am meisten zu lernen haben.

Wir wissen nicht immer, was die Merkmale eines Wunders sind. So gibt es schwierige Fragen, auf die wir unseres Erachtens aber auch nicht immer eine Antwort haben müssen. Die Tatsache steht, dass Gott für sein Volk eingriff.

Georg Müller (1805–1898), Prediger und Gründer einer Arbeit für Waisen, sagte einmal: »Gott kann natürliche Ereignisse so gebrauchen, dass sie zum Wunder werden.« So werden manche biblischen Berichte als Wunder erzählt, auch dann, wenn es vielleicht zum Zeitpunkt des Geschehen eine natürliche Erklärung dafür gab. Müssen wir immer genau wissen, wie und wann und warum Gott eingriff?

Gott ist immer noch Gott

Zusammenfassend lässt sich Folgendes sagen: Auch wenn wir grundsätzlich glauben, dass Gott Wunder tut, können wir unsicher sein und müssen nicht immer genau verstehen, wo und wie Gott in bestimmten Situationen eingriff. Gott kümmert sich um sein Volk. Diesem Zeugnis dürfen wir glauben.

Wir glauben nicht an einen Gott, der im Himmel versteckt bleibt. Gott ist aktiv. Aber Gott ist dennoch nicht einfach verfügbar. Er ist immer noch Gott und wir werden nicht immer verstehen, warum Wunder manchmal geschehen und manchmal nicht.

Auch im nächsten Kapitel beschäftigen wir uns mit schwierigen Themen. Zunächst geht es um ein Problem, das besonders denjenigen Kopfzerbrechen bereitet, die wie wir aus einem »friedenskirchlichen« Hintergrund kommen: Kriege im Alten Testament.

Weiterführende Fragen

1. Stimmen Sie zu, dass die »Gottesbilder« des Alten Testaments eher den wahren Gott erfassen als die philosophisch-theologischen Begriffe, die wir manchmal in Lehrbüchern finden? Welche Schwierigkeiten bereiten philosophische Gottesbilder?
2. Wie erleben Sie das Alte Testament, wenn einige Stellen das »Belohnungsmuster« zu unterstützen und andere es infrage zu stellen scheinen? Sind beide Sichtweisen irgendwie Teil der Wirklichkeit?
3. Bereiten Ihnen die vielen Wunderberichte der Bibel Schwierigkeiten? Warum bzw. warum nicht?

Kapitel 9

Zu viele Kriege und Gesetze? Weitere schwierige Themen

Im letzten Kapitel ging es bereits um drei Themen, die uns beim Lesen manchmal den Zugang zum Alten Testament erschweren: wie Gott im Alten Testament beschrieben wird, die Belohnungsmuster und Stellen, die uns unglaublich erscheinen (Wundererzählungen usw.). In diesem Kapitel wenden wir uns den ebenfalls oft Schwierigkeiten bereitenden Themen »Kriege« und »Gesetze« zu. Das erste ist ein Problem, das vor allem Christen, die so wie wir aus einem »friedenskirchlichen« Hintergrund kommen, Kopfzerbrechen bereitet. (Als »Friedenskirchen« werden Kirchen bezeichnet, die sich in besonderer Weise zur Förderung des Friedens und der Nichtteilnahme am Krieg verpflichtet haben. Als historische Friedenskirchen gelten jene Gruppen, die im europäischen Mittelalter am Pazifismus des Urchristentums festhielten und Kriegsdienste verweigerten.)

Wie können wir das Alte Testament trotz der vielen Kriege schätzen?

Der Gott, den Jesus uns zeigt, ist ein Gott des Friedens, ein Gott, der nicht nur seine Freunde, sondern auch seine Feinde liebt. Wie kann es sein, dass der gleiche Gott im Alten Testament den Juden befiehlt, ganze Volksgruppen völlig zu vernichten (5. Mose 7,1–2)? Wir lesen immer wieder, wie Gott für Israel kämpfte und ihnen in einem Krieg große Siege schenkte. Wie sollen wir das verstehen?

Manche Christen sind so fest davon überzeugt, dass Kriege abzulehnen sind, dass sie das Alte Testament ablehnen, weil es das Gegenteil zu behaupten scheint. Wenn die alttestamentlichen Kriege jedoch nicht automatisch moderne Kriege rechtfertigen, ist das Problem des Alten Testaments unseres Erachtens weniger gravierend. Wie sollen wir denn die Kriege des Alten Testaments verstehen? Dazu einige Überlegungen.

Erstens, nicht alle Kriege der Israeliten entsprachen dem Willen Gottes. Wir irren uns, wenn wir meinen, Gott habe alle Kriege Israels angeordnet. Gott stand nicht hinter allen Kriegen. In der Tat wurden nur die wenigsten von ihm direkt angeordnet. Israel vergaß allzu schnell, dass ihr Gott Jahwe auch Gott der ganzen Welt war und ihm auch Israels Feinde wichtig waren. Vermutlich glaubten die meisten Völker damals, dass ihr Gott (eine lokale Gottheit) immer hinter ihnen stehen würde, wenn sie in einen Krieg zogen. Jeder Krieg würde dem Willen ihres Gottes entsprechen, weil ihre Feinde immer auch die Feinde ihres Gottes waren. Aber Israel sollte seinen Gott nicht so verstehen, als sei er nur an ihnen interessiert.

Israels Gott war und ist Gott der ganzen Welt, Schöpfer des Himmels und der Erde. Er liebt alle Menschen. Wir können davon ausgehen, dass Gott nur hinter den Kriegen Israels stand, die von ihm direkt angeordnet worden waren. Israel missverstand seinen Gott jedoch oft, als sei er nur dazu da, um Israel Vorteile zu verschaffen. Wenn Israels Generäle oder Könige einen militärischen Eingriff anordneten, bedeutet das noch lange nicht, dass Gott das wollte. Es ist im Alten Testament klar, dass die Monarchie dazu beitrug, dass Israel kriegerischer wurde. Sie hatten einen König gewollt, gerade damit dieser König sie in die Kriege führen konnte

(1. Samuel 8,20). Gott aber wollte weder die Monarchie noch die meisten der militärischen Angriffe, die Israel führte.

Zweitens, Gott kann die Folgen eines Krieges für seine Ziele nutzen. Gott ist der Schöpfer des Himmels und der Erde und der Herr der Geschichte. Deshalb kann er auch aus Bösem Gutes hervorbringen. Er kann das benutzen, was er *nicht initiierte* oder *nicht wollte.* Jemand sagte einmal: »Gott kann auch auf krummen Linien gerade schreiben.« Das gilt sowohl für ganze Völker als auch für einzelne Menschen. Internationale Bündnisse, Konflikte zwischen Völkern, Machtwechsel bei den Großmächten und vieles mehr stellen Faktoren dar, die Gott benutzen kann, um das Schicksal ganzer Völker zu beeinflussen. Gott ist auch dann anwesend, wenn einzelne Menschen oder ganze Völker Dinge tun, die seinem Willen nicht entsprechen. Gott kann selbst unsere Fehltritte zum Guten wenden. Denken wir hier an Josef: *Ihr hattet Böses mit mir vor, aber Gott hat es zum Guten gewendet* (1. Mose 50,20).

Gott hat ein langes Gedächtnis. Gott kann die Machenschaften böser Menschen für seine Ziele einsetzen. Aber dies bedeutet nicht, dass diese Menschen oder Völker dem Gericht Gottes für ihr Handeln entkommen werden. Gott greift nicht immer so schnell ein, wie wir es gerne hätten. Aber am Ende wird Gott doch jeden Einzelnen und jedes Volk gerecht beurteilen.

Kriege im Alten Testament, die von Gott befohlen wurden, fanden meistens im Zusammenhang mit der Landnahme statt. Die Landnahme als solche ist schon ein Problem. Nahm Gott anderen Völkern Land weg, nur damit sein eigenes auserwähltes Volk ein schönes Land haben konnte? Oder war es, wie andere behaupten, ein »volkloses« Land für ein »landloses« Volk? Beide Möglichkeiten sind nicht sehr befriedigend.

Uns scheint es besser, einfach zu akzeptieren, was das Alte Testament sagt. Manche Völker des Landes, das Gott Israel geben wollte, waren so weit von Gott abgewichen, dass Gott sie entweder selbst oder durch Israel bestrafte. Gott benutzte etwas Böses (Kriege), um seinen Plan einige Schritte näher zum Ziel zu bringen.

Drittens, das Alte Testament hat ein kollektives Verständnis des Einzelnen. Die Stellung des einzelnen Menschen ist im Alten Testament eine andere als im Neuen Testament oder auch in unserer Zeit. Der Einzelne wird immer als Teil des Ganzen gesehen. Genauso wie heute Orkane und Tsunamis nicht vor der Tür gläubiger Menschen halt machen, so scheint *die Strafe Gottes* damals auch Unschuldige getroffen zu haben. Ein ganzes Volk wurde wegen seiner Untreue bestraft (Jeremia 12,17), obwohl sicherlich nicht jeder gleichermaßen schuldig war. Die Unschuldigen mussten mit den Schuldigen mitleiden. Gott benutzte Kriege, um mit Hilfe Israels ganze Völker *(nicht einzelne Menschen)* zu bestrafen. Ein Volk, das den Gott Israels hasste, wurde mit dem Tode bestraft (5. Mose 7,1–2.10). Eine Stadt, die zum Götzendienst verführt wurde, wurde vernichtet (5. Mose 13,12–16). Eine ganze Familie wurde bestraft, weil einer gesündigt hatte (1. Samuel 3,13). Das gilt vor allem für die Städte und die Familien der Israeliten selbst.

Es gab allerdings auch Ausnahmen: Gott war bereit, mit Abraham zu verhandeln, ehe Sodom zerstört wurde. Er wäre sogar bereit gewesen, die Schuldigen zu schonen, falls es nur zehn Unschuldige gegeben hätte. Aber in der Regel ist es so: Unschuldige müssen mit den Schuldigen oder wegen der Schuldigen mitleiden.

Ob Gott jeden einzelnen Menschen unparteiisch und fair behandelt, wird im Alten Testament selten angesprochen. Die Frage des Leidens unschuldiger Menschen reißt viele schwerwiegende Fragen über die Güte und Gerechtigkeit Gottes auf, die wir letzten Endes nicht alle befriedigend beantworten können. Das Buch Hiob gibt uns den Teil einer Antwort, wo Gott einfach sagt: *Ich bin Gott.* Ansätze einer Antwort finden wir auch in den Psalmen (vor allem in Psalm 73). Der Blick ändert sich, wenn wir das Ende der Menschen im Auge behalten. Die größten Hilfen zur Beantwortung dieser schwierigen Fragen finden wir aber erst im Neuen Testament, im Leben, Sterben und in der Auferstehung von Jesus. Gott leidet mit uns mit, aber letztendlich geht es nicht nur um dieses Leben. Eines Tages werden wir Gott von Angesicht zu Angesicht sehen und dann auf alle unsere Fragen eine Antwort finden.

Viertens, es gibt im Alten Testament »Gegenströmungen«. Wir haben manchmal den Eindruck, als gehörten Kriege im Alten Testament wie selbstverständlich dazu. Aber es gibt auch Texte, die Krieg infrage stellen.

Es stimmt, einige Stellen scheinen zu besagen, es sei Israels Aufgabe gewesen, im »verheißenen Land« ganze Volksgruppen umzubringen (siehe 5. Mose 7,1–3). Es gibt jedoch auch Stellen, die den Eindruck erwecken, als sei es schon immer der Plan Gottes gewesen, dass Israel in diesem Land mit Menschen anderer Volksgruppen friedlich zusammen leben sollte. Israel sollte Fremde vorbildlich und gewaltlos behandeln, damit auch sie den Gott Israels kennenlernen würden. Ein Beispiel: *»Unterdrückt nicht die Fremden, die bei euch im Land leben, sondern behandelt sie genau wie euresgleichen. Jeder von euch soll seinen fremden Mitbürger lieben wie sich selbst. Denkt daran, dass auch ihr in Ägypten Fremde gewesen seid. Ich bin der Herr, euer Gott«* (3. Mose 19,33.34). Israel sollte eine friedfertige Kontrastgesellschaft unter den Völkern sein. Feindesliebe wurde nicht erst von Jesus eingeführt. Sie war auch schon in alttestamentlicher Zeit ein wichtiges Thema.

Obwohl einige Stellen den Eindruck erwecken, Gott greife schnell und hart ein, wenn ein Volk gegen seine Gebote verstieß, zeigen andere Stellen eine andere Seite: Gott ist großzügig und barmherzig. *Nur einen Augenblick trifft uns sein Zorn, doch lebenslang umgibt uns seine Güte* (Psalm 30,6). Er schickte sogar Propheten zu anderen Völkern, damit diese nicht unter Gottes Gericht fallen sollten (wie im Buch Jona).

Einige alttestamentliche Stellen scheinen den Eindruck zu erwecken, dass Krieg etwas sei, womit wir in dieser Welt einfach rechnen müssten. Die Propheten sagen aber auch, dass es nicht immer so sein wird. Der Prophet Micha beschreibt das Ziel: *»Er weist mächtige Völker zurecht und schlichtet ihren Streit, bis hin in die fernsten Länder. Dann schmieden sie aus ihren Schwertern Pflugscharen und aus ihren Speerspitzen Winzermesser. Kein Volk wird mehr das andere angreifen und niemand lernt mehr das Kriegshandwerk«* (Micha 4,3). Ob dieser Vers eine Verheißung noch für diese oder erst für die kommende Welt darstellt, wird nicht deutlich gesagt. So oder so, es ist eine prophetische Hoffnung und wer diese Hoffnung trägt, versucht jetzt schon, sie zu verwirklichen.

Das Alte Testament tendiert im Laufe der Zeit immer stärker in Richtung eines friedlichen Zusammenlebens der Menschen und Völker. Der Prophet Jeremia rät Israel sogar, dass sie während der Gefangenschaft in Babylon ihre eigene nationale Identität vorübergehend aufgeben sollten. Gott würde Israel nicht durch einen Krieg befreien. Israel sollte sogar den *Schalom* der Feinde suchen. *»Seid um das Wohl der Städte besorgt, in die ich euch verbannt habe, und betet für sie! Denn wenn es ihnen gut geht, dann geht es auch euch gut«* (Jeremia 29,7).

Die von Gott nicht gewollte Monarchie war die Ursache vieler Kriege. Nicht alle Teile des Alten Testaments sprechen einstimmig von Gewalt und Krieg. Zur Zeit der Patriarchen handeln die Menschen des Glaubens fast immer pazifistisch. Zur Zeit des Auszugs aus Ägypten handelt nur Gott alleine, um Israel zu retten. Kriege waren Jahwes Kriege. Bei der Landnahme war Israel beteiligt, und trotzdem war es Gottes Sieg, wie im Text betont wird (Millard Lind, *Yahweh is a Warrior* [*Jahwe ist ein Krieger*], Herald Press, Scottdale 1986).

Millard Lind macht deutlich, dass je mehr Israel seine Kriegsführung selbst in die Hand nahm und je weniger sie Gott für ihre Sicherheit vertrauten, desto mehr wollten sie eine Monarchie als Staatsform und wie alle anderen Völker einen eigenen König, der über sie regieren und sie in den Krieg führen sollte. Er schreibt: »Die Ordnung, die auf Jahwes Wunder begründet war, wurde mit einer Ordnung ausgetauscht, die sich immer mehr in Richtung menschlicher Manipulation und Kontrolle von politischen Möglichkeiten inklusive gewalttätiger Machtanwendung entwickelte« (Seite 108).

In der Zeit der Monarchie finden wir zwei Tendenzen. In den Texten, in denen die Monarchie am meisten kritisiert wird, werden militärische Siege hauptsächlich Gott zugeschrieben. Wenn die Monarchie eher befürwortet wird, wird selten von Wundern gesprochen und Siege werden dem König zugeschrieben (Seite 107). Wenn wir die prophetische Literatur betrachten, dann scheint erstere Tendenz eher dem Willen Gottes zu entsprechen. Auf jeden

Fall sehen die Propheten Gott als den Handelnden: Gott ist König. *Gott* ist der Krieger. Die Nationen sollen lernen, ihre Schwerter zu Pflugscharen zu schmieden (Micha 4,3; siehe unten).

Am Ende seiner Forschung über das Thema »Krieg im Alten Testament« fasst Millard Lind seine Schlussfolgerungen zusammen. Jahwes Königsherrschaft gründet weder auf militärischer Macht, noch auf einer diplomatischen Manipulation von Macht, noch auf der Anhäufung von Reichtum. Sie baut auch nicht auf menschlicher Weisheit auf, um strategische Entscheidungen zum Vorteil des Volkes zu treffen. Die Königsherrschaft Jahwes basiert auf seinen Verheißungen und Wundertaten und ist auf die Tora und das prophetische Wort gegründet. »Israels Zukunft hängt ausschließlich von seinem Glauben an und seinem Gehorsam gegenüber dieser Anordnung ab« (Seite 167f.).

Fünftens, Jesus korrigiert alle unzureichenden Gottesbilder, einschließlich das eines kriegerischen Gottes. In Jesus kam Gott zu uns. Einer der Gründe für das Kommen von Jesus war, dass Gott sich uns klarer offenbaren wollte. Und so werden alle Gottesbilder, die wir aus dem Alten Testament gewinnen, näher ausgeführt, vervollständigt oder auch korrigiert. Wenn ein Gottesbild, das wir aus dem Inhalt des *Alten Testaments* gewinnen, nicht mit dem übereinstimmt, was wir *durch Jesus* über Gott erfahren, dann müssen wir der Botschaft des Neuen Testaments den Vorrang geben.

Das Neue Testament zeigt uns einen Gott, der allen Menschen barmherzig und vergebungsbereit begegnet. Durch Jesus sehen und erleben wir diesen barmherzigen und vergebenden Gott, der seine Liebe allen schenkt. Jesus selbst sagt: Gott *»lässt seine Sonne scheinen auf böse Menschen wie auf gute, und er lässt es regnen auf alle, ob sie ihn ehren oder verachten«* (Matthäus 5,45). Diese Aussage von Jesus steht im direkten Zusammenhang mit dem Gebot der Feindesliebe (siehe Vers 43). Statt von den Kriegen des Alten Testaments die Berechtigung abzuleiten, wir dürften unsere Gegner und Feinde hassen oder töten, sollten wir unser Bild eines kriegerischen Gottes durch Jesus korrigieren lassen.

Theologen sprechen oft von »progressiver Offenbarung« in der Bibel. Das heißt, vom Anfang bis zum Ende der Bibel wird mit der

Zeit immer deutlicher, wer und wie Gott ist. Zum Beispiel offenbart sich Gott Abraham nur als »der allmächtige Gott« und erst beim Erlebnis des Mose am Dornbusch als Jahwe (siehe 2. Mose 6,3). Theologen erkennen an, dass die früheren Offenbarungen unzureichend waren, um »das biblische Bild« voll zu erfassen. Wir brauchen die späteren Offenbarungen und vor allem die Lehre und das Beispiel von Jesus selbst. Der Gott, der uns in Jesus begegnet, ist der gleiche Gott wie der des Alten Testaments, nur hat sich für uns der Schleier zu einem vollkommenen Verständnis schon etwas weiter gelüftet.

Doch kommen wir nun zu einem weiteren Problem, das uns den Zugang zum Alten Testament erschwert.

Zu viele Gesetze

Die alttestamentlichen Bücher 3., 4., und 5. Mose scheinen voller Gesetze zu sein: Dies muss getan werden, jenes darf nicht getan werden, falls dieses geschieht, sollten Menschen so reagieren, falls ein Rind das eines anderen niederstößt, muss Folgendes beachtet werden usw. Es gibt unzählige Richtlinien, wie genau ein Lamm für ein Brandopfer geschlachtet werden muss, oder wie ein Priester bekleidet sein soll. Endlos! Wer kann die Religion des Alten Testaments hochschätzen, wenn es nichts als lauter Regeln zu geben scheint?

Das wirklich Erstaunliche ist, dass die damaligen Israeliten dieses Gesetz Gottes mit ganzem Herzen liebten. Der Psalmdichter jubelt: *Ich habe dein Gesetz unendlich lieb! Den ganzen Tag beschäftigt es mein Denken* (Psalm 119,97); *... dein Gesetz hat meine ganze Liebe* (119,113). Sie verstanden, dass Gott ihnen das Gesetz (hebräisch *Thora,* das heißt Wegweisung) gegeben hatte, um ihnen zu einem besseren Leben zu verhelfen. Wir sind es, die mit diesen vielen Gesetzen Probleme haben. Uns scheinen es zu viele, zu einschränkende, zu irrelevante oder sogar zu sinnlose Bestimmungen zu sein. Es ist daher notwendig, dass wir über die Funktion der Gesetze im Leben der Israeliten etwas genauer nachdenken.

Erstens, wir *haben viel mehr Gesetze, als* sie *sie hatten!* Schon allein alle unsere Gesetze und Bestimmungen, die mit der Straßenverkehrsordnung zu tun haben (wer wann und wie zu fahren hat, wie ein PKW ausgestattet sein muss, wer bei einem Unfall schuld ist usw.), machen *unsere* Gesetzesbücher wesentlich länger und detaillierter als alle Gesetze der Bibel zusammen. Wir merken das deswegen nicht, weil wir mit *unseren* relativ bekannten Bestimmungen umzugehen gelernt haben, während *ihre* uns eher unbekannt und irrelevant erscheinenden Regelungen uns Mühe bereiten. Wie gingen sie mit diesen Verordnungen um? Genauso, wie wir es tun. Wir lernen, mit ihnen zu leben, und halten sie im Normalfall auch für gut.

Zweitens, nicht alle Gesetze haben mit Ethik zu tun. Wir dürfen nicht vergessen, dass das Alte Testament nicht nur »religiöse« und »ethische« Richtlinien enthält, sondern auch alle Bestimmungen, die notwendig waren, um das tägliche Leben in Israel als Volk und Staat zu regeln. Das Volk Israel war sowohl das Volk Gottes als auch ein nationaler Staat. Die Gesetze, die die sozialen und nationalen Beziehungen regelten, fielen in dem Augenblick für die an Jesus glaubenden *Nichtjuden* weg, als die Gemeinde von Jesus feststellte, dass Nichtjuden auch zum Volk Gottes gehören konnten, ohne ethnisch und kulturell jüdisch zu werden. (In einer Auslegung zu Apostelgeschichte 15 gehe ich, Tim, näher darauf ein – enthalten in meinem Buch *Verantwortlich leben – Wenn Christen sich entscheiden müssen*, Neufeld, Schwarzenfeld ^{2}2007, Seite 178–191.)

Drittens, viele der alttestamentlichen Gesetze waren ***nur für sie*** *gedacht.* Natürlich gelten einige der alttestamentlichen Gebote und Verbote für alle Zeiten. Das Neue Testament erwähnt und bestätigt zum Beispiel immer wieder die Zehn Gebote. Aber viele der anderen Gebote und Verbote haben nichts mit uns zu tun. Wir sagen das nicht deswegen, weil die Juden damals (angeblich) in der »Zeit des Gesetzes« gelebt hätten und wir in der »Zeit der Gnade« leben würden. Wir sagen es auch nicht deshalb, weil ihre Gesetze (angeblich) für das »erste Gottesvolk« und unsere für das »zweite Gottesvolk« bestimmt wären. Beide dieser Ansichten korrespondieren nicht mit dem biblischen Bild. Die Gründe, warum nicht alle ihre Gesetze für uns gelten, hat mit anderen Faktoren zu tun: ihrem und unserem Platz in der fortlaufenden »Heilsgeschichte«; ihrem und unserem geschichtlichen Kontext usw.

Manche der alttestamentlichen Gesetze gelten noch, andere nicht mehr. Wie genau wir diese zwei Kategorien unterscheiden, ist im einzelnen Fall nicht immer leicht. Das wichtigste Prinzip, das wir beachten müssen, ist, dass Gott diese Gebote nicht willkürlich aufstellte, sondern sie als Mittel benutzte, um Wichtiges zu erreichen. Wenn wir uns darauf konzentrieren, was Gott erreichen wollte, also was das eigentliche Ziel eines Gesetzes war, dann können wir oft besser erkennen, welche Gesetze auch uns gelten oder ob Gott diese Ziele heute auf anderen Wegen zu erreichen sucht. (Das ist in zwei Sätzen die Zusammenfassung eines ganzen Kurses zu der Frage, nach welchen Regeln ein Text ausgelegt wird – unter welchen Voraussetzungen und mit welchen Zielen.)

Viertens, manchmal ging es darum, das Volk vom Götzendienst fernzuhalten. Wir können nicht immer genau feststellen, welche Ziele Gott mit einem Verbot verfolgte. Es ist anzunehmen, dass manches verboten war, weil es zu den religiösen Bräuchen der Nachbarvölker gehörte und Israel zum Götzendienst hätte verführen können. Die Anweisungen von Paulus im Neuen Testament, nicht an Festmählern in heidnischen Tempeln teilzunehmen (zum Beispiel 1. Korinther 6,14–18) sind mit solchen Gesetzen vergleichbar.

Fünftens, manchmal ging es um sinnvolle wirtschaftliche oder gesundheitliche Maßnahmen. Uns mögen manche der Essensverbote willkürlich erscheinen, aber Wissenschaftler stellten schon oft fest, dass diese Gebote bei den landwirtschaftlichen und hygienischen Bedingungen der damaligen Zeit sinnvoll waren. Manchmal ging es darum, dass der Verzehr gewisser Nahrungsmittel in ihrem Klima (ohne Kühlschränke) hätte gesundheitsgefährdend sein können. Gott wollte sein Volk vor Schaden bewahren und verbot Dinge, auch wenn die Israeliten diese Verbote nicht immer verstanden.

Sechstens, wir sollten zugeben, dass wir nicht alles verstehen. Manchmal wissen wir einfach nicht, warum einige Dinge damals wichtig waren. Zum Beispiel kommen gleich nach dem ganz zentralen Gebot: *»Liebe deinen Mitmenschen wie dich selbst. Ich bin der Herr!«* (3. Mose 19,18) uns ziemlich nebensächlich erscheinende Verbote. *»Befolgt meine Anordnungen! Kreuzt nicht Tiere verschiedener Art miteinander. Sät nicht auf demselben Acker zwei verschiedene Sorten Saatgut. Tragt auch keine Kleidung, die aus zwei verschiedenen Garnen gewebt ist«* (19,19). Hat dieser Vers 19 vielleicht mit Fruchtbarkeitsreligionen zu tun? Wir wissen es einfach nicht. Wir können nicht immer feststellen, warum manche Dinge als »was der Herr verabscheut« beurteilt wurden (siehe zum Beispiel 5. Mose 12,31). Festzuhalten ist, dass Gott sein Volk liebte und ihnen damals genau wie uns heute nur hilfreiche Gebote und Verbote gab.

Siebtens, Tieropfer spielten damals eine wichtige Rolle, aber heute nicht mehr. Die vielen Tiefopfer, die im Alten Testament beschrieben werden, könnten den Eindruck erwecken, der Gott Israels sei blutrünstig gewesen. Götter in Naturreligionen werden oft so dargestellt. Die von Gott verlangten Tieropfer erschienen den Menschen der damaligen Kultur verständlich und sinnvoll. Aber in der Ausübung dieser Tieropfer unterschied sich Israel von seinen Nachbarvölkern. Es war nicht so, als hätte Gott Blut sehen müssen, ehe er Menschen seine Vergebung anbieten konnte. Es geht nicht um Gottes Bedürfnisse. Die Opfer sollten die Bereitschaft der bußfertigen Menschen zeigen, Gott etwas Kostbares darzubringen. Die Opfer sollten auch die Gnade Gottes verdeutlichen, der bereit war, ein Ersatzopfer anzunehmen, statt von dem Schuldigen Wiedergutmachung zu verlangen. So weisen die alttestamentlichen Opfer bereits auf Jesus hin, der bereit war, sein Leben für die Vergebung unserer Sünden zu geben. Im Neuen Testament entfallen die Tieropfer. Sie werden nicht mehr gebraucht, weil das endgültige Lamm Gottes sein Leben für uns gab. Statt der Tiefopfer haben wir jetzt ein Erinnerungsmahl (das Abendmahl), um die Bedeutung des Todes von Jesus zu symbolisieren.

Achtens, die Gesetze selbst standen nie im Mittelpunkt der Beziehung zwischen Gott und seinem Volk. Diesen Punkt haben wir bereits ausführlich in Kapitel 5 erörtert. Der Bund Gottes mit Israel basierte auf einer Beziehung der Treue. Gesetze spielten dabei eine untergeordnete Rolle.

Neuntens, das Gesetz ist nicht nur dazu da, um Sünde aufzudecken. Ein paar Mal hob Paulus diese Rolle des Gesetzes hervor (zum Beispiel in Römer 7,7). Das Gesetz deckt Sünde auf und führt uns so zu Jesus, der die Sünden tilgt. Aber weil dies nicht die einzige Aufgabe, nicht einmal die wichtigste Aufgabe des Gesetzes war, sollten wir nicht meinen, im Alten Testament ginge es hauptsächlich um Gebote und Verbote, im Neuen Testament dagegen um Gnade. Auch dieser Punkt wurde bereits früher besprochen.

Zehntens, die Hauptrolle des Gesetzes ist, den Willen Gottes für sein Volk zu offenbaren. Wenn wir unser Leben entsprechend den Ordnungen Gottes gestalten, wird unser Leben Gott gefallen und Gott wird uns reichlich segnen.

Wenn wir die aufgezählten Punkte beachten, erhält das Problem der vielen Gesetze im Alten Testament die richtige Perspektive. Natürlich fragte ich, Tim, mich als Kind, wenn mein Vater am Frühstückstisch endlich mit den Stammbäumen fertig war und mit den Kleidungsvorschriften für die Priester begann, was das alles mit mir zu tun hatte.

Wenn wir jedoch bereit sind, auch die vielen Gebote als Teil der Geschichte eines Volkes zu sehen, das zu unseren geistlichen Wurzeln gehört, dann können uns sogar lange Gesetzeslisten zum Staunen bringen – zum Staunen darüber, wie Gott diese Gesetze benutzte, um ein Volk zu bewahren, bis Gott seinen eingeborenen Sohn schicken konnte.

Jesus kam nicht, damit alle Gesetze wegfallen sollten, sondern um das Gesetz zu erfüllen und um uns den Heiligen Geist zu geben, der das Gesetz in unsere Herzen schreiben würde (Jeremia 31,33). Dann können auch wir sagen: *Ich habe dein Gesetz unendlich lieb! Den ganzen Tag beschäftigt es mein Denken* (Psalm 119,97);

… *dein Gesetz hat meine ganze Liebe* (119,113). Das wäre doch ein wunderbares Ziel, oder?

Weiterführende Fragen

1. Manche Christen meinen, dass alttestamentliche Kriege moderne Kriege rechtfertigen würden – während andere Christen das Alte Testament gerade aufgrund der Kriege für ungültig erklären. Wozu tendieren Sie? Wie lassen sich beide Extreme vermeiden?
2. Welche Teile des alttestamentlichen Gesetzes scheinen wahrhaftig ein »Geschenk Gottes« an sein Volk zu sein? Welche können wir nur schwer als solche sehen? Und wie ist es mit Gottes Gesetz für uns heute?

Kapitel 10

Wie lesen wir das Alte Testament?

Die ganze Heilige Schrift ist von Gott eingegeben. Sie soll uns unterweisen; sie hilft uns, unsere Schuld einzusehen, wieder auf den richtigen Weg zu kommen und so zu leben, wie es Gott gefällt. So werden wir reife Christen und als Diener Gottes fähig, in jeder Beziehung Gutes zu tun (2. Timotheus 3,16–17; Hoffnung für alle).

Dieser Text aus dem Neuen Testament bezieht sich auf die Sammlung von Schriften, die wir heute Altes Testament (oder die hebräischen Schriften) nennen. Als die oben zitierten Verse niedergeschrieben wurden, gab es nämlich noch kein Neues Testament. Natürlich stimmt die Aussage aber auch für das Neue Testament: Die ganze Bibel wurde uns, dem Glaubensvolk, der Gemeinde von Jesus, gegeben, und zwar mit einem sehr praktischen Ziel – damit wir unser Leben vor Gott in Ordnung bringen und lernen sollten, in allen Lebenssituationen so zu leben, wie es Gott gefällt.

Was oben *nicht* behauptet wird, ist, dass jede einzelne Stelle in der Bibel, ganz egal aus welchem Zusammenhang gerissen, diese Rolle spielen kann. Wer behaupten möchte, dass jede Verheißung der Bibel, egal an wen sie ursprünglich gerichtet wurde, genauso jedem heutigen Leser gilt, hat sicherlich niemals versucht, diese Vorgehensweise konsequent umzusetzen. Nicht jeder Satz »hilft uns, unsere Schuld einzusehen«, nicht jeder Satz »macht uns fähig, Gott zu dienen«. Nicht jede Stammbaumliste für sich genommen dient als Unterweisungsmaterial. Aber die alttestamentliche Geschichte *als Ganze* und die vielen darin enthaltenen kleineren Erzählungen, die Verheißungen, Anweisungen und Anbetungslieder zusammen genommen, helfen uns zu entdecken, was Gott mit uns vorhat, und rüsten uns aus, unseren Auftrag zu erfüllen.

Im Folgenden wollen wir die unterschiedlichen Literaturgattungen des Alten Testaments betrachten, im Hinblick darauf, wozu sie damals wichtig waren und wie sie uns heute helfen können, »in jeder Beziehung Gutes zu tun« (2. Timotheus 3,17).

Die dreiteilige Bibel

Jesus sagte einmal: *»Alles, was im Gesetz, in den Schriften der Propheten und in den Psalmen über mich steht, muss in Erfüllung gehen«* (Lukas 24,44). Er redete von den drei Hauptkategorien seiner Bibel (unserem Alten Testament), wie sie von den Israeliten damals eingeteilt wurden. »Im Gesetz« heißt in den Gesetzesbüchern, 1. bis 5. Mose (hebräisch *Thora*). »In den Schriften der Propheten« umschließt die prophetische Literatur, die großen Propheten (Jesaja, Jeremia und Hesekiel) und das Buch der Zwölf (was wir die kleinen Propheten nennen), und interessanterweise einige Bücher, die wir Geschichtsbücher nennen (Josua, Richter, Samuel und Könige). Im Hebräischen heißen sie *Nevi'im*. »In den Psalmen« bedeutet »in der Weisheitsliteratur« (die Schriften, hebräisch *Ketuvim*). Dort standen die Psalmen im Mittelpunkt, aber auch andere Bücher zählten dazu: Rut, Hiob, Sprüche, Prediger, das Hohelied der Liebe, die Klagelieder, Daniel und wiederum einige Bücher, die wir manchmal Geschichtsbücher nennen: Chronik, Esra, Nehemia und Ester.

Die Juden nannten keine der Schriften »Geschichtsbuch«. Das allein sagt schon etwas aus. Auch wenn historische Fakten über die Geschichte des Volkes niedergeschrieben wurden (und das ist in fast jedem Buch des Alten Testaments der Fall), steht die Geschichtlichkeit eines Ereignisses selbst nie im Mittelpunkt. Was geschah, wurde mit einer theologischen Absicht berichtet. Das Volk Gottes sollte erfahren, wie Gott seinen Plan für sein Volk verwirklichte und was die *Lektionen* der Historie waren. Wenn wir bei der Frage: »Was geschah wirklich?« hängen bleiben, dann lesen wir nicht wirklich das Alte Testament als Wegweisung für Gottes Volk.

Die umfassende Erzählung

Das ganze Alte Testament ist eine umfassende Erzählung. Diese Rahmenhandlung ist der Bericht von Gottes Umgang mit der Menschheit im Verlauf der Geschichte und ganz besonders mit seinem auserwählten Volk, Israel. Zu dieser Rahmenhandlung gehören sowohl viele kleinere Erzählungen als auch die Gesetze, prophetische Worte, Psalmen usw. Manchmal helfen uns diese kleineren Geschichten und andere Textteile *als Einzelbeiträge* nicht allzu viel weiter. Aber wie verschiedene kleinere Charaktere in einem Theaterstück ihre Rollen spielen, damit die Handlung als Ganze richtig verstanden werden kann, so tragen auch »die kleinen Teile« dazu bei, dass wir die zentrale fortlaufende Geschichte über Gottes Umgang mit seinem Volk begreifen können. Diese kleineren Geschichten haben jeweils ihre Akteure, aber im ganzen Stück ist immer Gott der, der Regie führt. Gott handelt durch die Einzelfiguren. Aber obwohl Gott die Weltgeschichte dirigiert, lässt er den Akteuren dennoch viel Freiraum, zu improvisieren, ihre Rolle sogar manchmal falsch (das heißt, gegen den Willen des Regisseurs) zu spielen. Dann scheint es Gott zu sein, der »improvisiert«. Und er scheint dies recht oft zu tun, damit die Geschichte tatsächlich weitergeht.

Ein Beispiel hierzu: Das ganze Buch Ester erwähnt Gott kein einziges Mal ausdrücklich, aber er ist dennoch der unsichtbare Regisseur des Ganzen. Dieser Sachverhalt hilft uns, Hinweise darauf zu gewinnen, wie die kleineren Teile des Alten Testaments zusammenwirken, um uns die ganze Geschichte und deren Bedeutung zu vermitteln. Dazu einige Beobachtungen.

Erstens, die biblischen Erzählungen sprechen von guten und schlechten Vorbildern, von Geschehnissen, die im Einklang mit dem Willen Gottes sind, und von solchen, die es nicht sind. Manchmal machen Texte es ganz klar, wie wir eine Erzählung beurteilen sollen und ob wir verschiedene Charaktere nachahmen sollten oder nicht. Manchmal jedoch lassen Texte die Beurteilung völlig offen. Die Leser müssen selbst beurteilen, was sie lernen sollten.

Dazu ein Beispiel: Jeftah, ein Kampfesführer, legt ein Gelübde ab: *»Wenn du* [Gott] *die Ammoniter in meine Hand gibst und ich wohlbehalten nach Hause zurückkehre, soll das, was mir als Erstes aus der Tür meines Hauses entgegenkommt, dir gehören. Ich will es dir als Opfer auf deinem Altar verbrennen«* (Richter 11,30–31). Er geht natürlich davon aus, dass es ein Tier sein wird, das er dann Gott darbringen kann. Leider läuft ihm als erstes jubelnd und tanzend sein einziges Kind entgegen. Was jetzt? Jeftah reagiert so: *»Ach, meine Tochter, du stürzt mich in tiefstes Leid! Dass du es sein musst! Was für einen Schmerz fügst du mir zu!«* (Vers 35). Er überzeugt seine Tochter, dass es kein Zurück gibt, sie macht mit und wird getötet (der Text erweckt zumindest diesen Eindruck, obwohl es nicht ausdrücklich gesagt wird). Sollen wir Jeftah nun dafür loben, dass er sein Gelübde so ernst nahm? Wir hoffen, dass wir genau das Gegenteil denken sollen. Seine Prioritäten waren völlig verkehrt: Er nahm lieber das unschuldige Leben seiner Tochter, als zuzugeben und zu beichten, dass sein Gelübde unüberlegt und nicht durchführbar war. Wie schrecklich! Im Alten Testament wird vieles berichtet, was schrecklich war und es wäre ein Fehler, immer davon auszugehen, dass all das Gottes Wille war, nur weil es geschah und berichtet wird.

Zweitens, kleine Geschichten helfen uns, die fortlaufende Heilsgeschichte besser zu verstehen. Manchmal lesen wir kurze Geschichten und fragen uns, was wir daraus lernen sollen. Oft können wir erst dann erkennen, worum es geht, wenn wir diese Geschichten im großen Zusammenhang sehen. Nacheinander erzählte Geschichten der Untreue der Kinder Gottes kommen uns nicht allzu erbaulich vor. Aber das übergreifende Prinzip ist sehr wichtig: Wenn die Menschen noch so sehr von Gottes Wegen abweichen, so bleibt Gott seinem Volk doch stets treu und bietet ihm den Weg zur Umkehr an. Es ist wichtig, zu erkennen, dass alle Geschichten des Alten Testaments mehr sind als nur Erzählungen über einzelne Menschen. Es sind Erzählungen, die auf den Plan Gottes für Israel weisen und darüber hinaus auf seinen umfassenden Plan für die Erlösung der Welt. Letztendlich ist Gott immer der »Held«, egal welche Menschen in seinem Dienst stehen oder ihm im Wege stehen.

Drittens, der geschichtliche Kontext eines Geschehens muss berücksichtigt werden, um Texte zu verstehen. Jede einzelne Geschichte muss nicht nur im Hinblick auf das Ganze, sondern auch auf ihren spezifischen Handlungszusammenhang gelesen werden. Es kann gut sein, dass etwas Erzähltes *uns heute* überrascht, stört oder sogar inakzeptabel erscheint. Aber wenn wir in Betracht ziehen, welche Richtlinien *damals* galten, zur Zeit dessen, was berichtet wird, ordnen wir einen Text richtig ein.

Zum Beispiel scheint das Alte Testament Polygamie zu billigen. Jesus zeigt uns jedoch, dass Gott damals vieles duldete, was nicht zu seinem ursprünglichen Plan gehörte. *»Das war nur ein Zugeständnis an euer hartes Herz«,* sagte Jesus einmal in einem anderen Zusammenhang (Markus 10,5; Hoffnung für alle). Nach 1. Mose machte Jakob mehrere Fehler, beging mehrere Sünden. Aber dass er zwei Schwestern heiratete und dazu noch zwei Konkubinen hatte, wurde nicht dazu gezählt, weil damals andere Regeln galten als heute.

Es ist klar, dass einige für uns untragbare Handlungsweisen in der damaligen Zeit akzeptabel waren. Bevor wir einen »Anwendungsbogen« zu uns schlagen, müssen wir immer zuerst auf Jesus schauen und fragen: »Jetzt, wo Gott sein endgültiges Reich baut, gelten diese Zugeständnisse noch? Oder erwartet Gott von uns, die wir Jesus nachfolgen wollen, etwas Besseres?« Dieser Punkt hilft uns, zum Beispiel auch mit dem großen Maß an Gewalt im Alten Testament umzugehen. Gott ließ Dinge zu, die jetzt, nach dem Kommen von Jesus, nicht mehr erlaubt sind.

Betrachten wir nacheinander die drei Hauptkategorien alttestamentlicher Texte, die Jesus erwähnte: »im Gesetz (bei Mose), in den Schriften der Propheten und in den Psalmen«.

»Im Gesetz«: Die Ausbildung eines Volkes

Die Rolle des Gesetzes haben wir bereits in Kapitel 5 besprochen und das Problem der zu vielen Gesetze in Kapitel 9. Deshalb sollen an dieser Stelle nur einige allgemeine Hinweise gegeben werden, die uns den Zugang zu den fünf Büchern Mose erleichtern sollen.

Erstens, die fünf Bücher Mose enthalten viel mehr als nur Gesetze. Die ersten 70 Kapitel der Bibel erzählen die ergreifende Geschichte der Menschheit von der Schöpfung bis hin zum Bund Gottes mit Israel. Diese Kapitel enthalten nur wenige Gesetze, dagegen viel in Erzählungen eingebettete Theologie.

Zweitens, manche Gebote, Vorschriften und Anweisungen waren nur für einen bestimmten Anlass bestimmt. Sobald die Stiftshütte fertig war, spielten die Vorschriften für ihren Bau keine weitere Rolle mehr. Wer in solchen Anweisungen versteckte symbolische Richtlinien für die Gemeinde von Jesus finden will, wie einige Ausleger es versuchen, geht das Risiko ein, Bedeutungen in Texte hineinzulegen, die nicht legitim sind. Das Gleiche gilt für detaillierte Anweisungen, was Israel in der Wüste zu beachten hatte, wie die Priester gekleidet sein sollten usw.

Drittens, manche Gebote und Vorschriften regulierten heute nicht mehr gültige religiöse Handlungen. Hier meinen wir hauptsächlich das ganze System der Tieropfer, die im Tempel in der Gegenwart des Priesters (und Gottes) geschlachtet wurden. Jesus setzte als endgültiges Opferlamm das ganze Schlachtopfersystem außer Kraft, denn es hatte vor allem den Zweck gehabt, das zu *symbolisieren,* was Jesus *realisierte.* Jesus starb, um der Sünde und dem Tod die Macht zu nehmen, um uns Gottes Vergebung zu erwerben und uns mit Gott zu versöhnen. Wir können alle Gesetze, die mit Tieropfern zu tun haben, mit Interesse lesen, und wir können dadurch auch manches über Gott und seinen Umgang mit Sündern lernen, aber sie finden in unserem Glaubensleben keine Anwendung mehr.

Viertens, manche Gebote und Verbote beziehen sich nur auf jüdische Angelegenheiten und fallen für diejenigen weg, die als Nichtjuden zu Jesus und seiner Gemeinde kommen. Darum geht es in Apostelgeschichte 15. Die Apostel, Ältesten und die ganze Gemeinde erkannten, dass viele der für die Juden geltenden Regelungen nichts mit dem zu tun hatten, wie jemand (Juden oder Nichtjuden) in eine versöhnte Beziehung mit Gott treten kann.

Versöhnung mit Gott ist allein möglich durch die Gnade Gottes, die wir durch den Glauben annehmen (siehe Apostelgeschichte 15,9). Die Urgemeinde beschloss deswegen, den Nichtjuden *keine weitere Last aufzuladen außer den folgenden Einschränkungen* [vier davon werden aufgelistet], *die unbedingt von euch zu beachten sind* (Vers 28). Es ist an dieser Stelle nicht möglich, den ganzen Text auszulegen, aber es scheint klar, dass Essensverbote und andere Dinge (einschließlich der Beschneidung), die mit jüdischen Sitten und Gebräuchen zu tun haben, für diejenigen wegfielen, die nicht aus diesem Hintergrund zum Glauben kamen. (Wie bereits erwähnt: Eine ausführliche Auslegung zu Apostelgeschichte 15 findet sich in: Timothy J. Geddert, *Verantwortlich leben*, Seite 178–191.)

Fünftens, was bleibt, sind ethische Richtlinien, wie wir die wichtigsten Aspekte des Gesetzes Gottes in die Praxis umsetzen können. Dazu gehören vor allem die Zehn Gebote, die im Neuen Testament erwähnt, zitiert, vertieft (siehe Matthäus 5,17–48) und manchmal auch gelockert werden (zum Beispiel in der neutestamentlichen Lehre zum Thema Sabbatheiligung).

Noch zentraler, sagt Jesus, sind die beiden wichtigsten Gebote, die untrennbar zusammengehören: *»Liebe den Herrn, deinen Gott, von ganzem Herzen, mit ganzem Willen und mit deinem ganzen Verstand! Dies ist das größte und wichtigste Gebot. Aber gleich wichtig ist ein zweites: Liebe deinen Mitmenschen wie dich selbst!«* (Matthäus 22,37–39). Anderswo redet Jesus über *das Wichtigste an seinem Gesetz ... Gerechtigkeit, Barmherzigkeit und Treue* (Matthäus 23,23). Diese Prioritäten scheinen nicht erst im Neuen Testament durch. Schon der alttestamentliche Prophet Micha sagte: *Der Herr hat dich wissen lassen, Mensch, was gut ist und was er von dir erwartet: Halte dich an das Recht, sei menschlich zu deinen Mitmenschen und lebe in steter Verbindung mit deinem Gott!* (Micha 6,8).

Es ist wichtig, zu erkennen, dass das »Gesetz« nicht in erster Linie aus langen Listen von Geboten und Verboten besteht, sondern darauf abzielt, unsere Beziehung zu Gott und zu unseren Mitmenschen zu fördern. Dieses Ziel müssen wir uns immer vor Augen halten.

Es ist nicht in jedem Fall ganz klar, welche Gebote und Verbote aus dem Alten Testament direkt auf uns übertragbar sind. Wir denken, das wichtigste Entscheidungskriterium diesbezüglich ist, ob ein bestimmtes Gesetz hilft, den Mittelpunkt des Gesetzes – die Beziehung zu Gott und unseren Mitmenschen – zu fördern.

Des Weiteren müssen wir immer auf Jesus schauen. Jesus kam, um das Gesetz zu »erfüllen«. Das bedeutet, dass er manchmal die »Erfüllung« und damit das Ende bestimmter alttestamentlicher Gebote war. Jesus »erfüllte« aber auch viele der Gesetze, indem er sie »hielt«, um uns zu zeigen, wie auch wir sie halten sollen. In der Tat, er ging sogar über das Gesetz hinaus. Matthäus 5 ist eines der wichtigen Kapitel, in dem Jesus deutlich macht, dass es nicht darum geht, nur den Buchstaben des Gesetzes zu halten, sondern es von Herzen zu erfüllen.

Sechstens, das Gesetz bleibt Gottes Wort. Douglas Stuart fasst es am besten zusammen: »Das gesamte Gesetz des Alten Testaments ist immer noch Gottes Wort für uns, auch wenn es nicht Gottes Gebot an uns ist. ... Die Bibel enthält alle möglichen Arten von Geboten, von denen Gott will, dass wir über sie Bescheid wissen, ohne dass sie sich direkt an uns richten« (Gordon Fee/Douglas Stuart, *Effektives Bibelstudium*, ICI, Asslar 1990, Seite 187).

»Bei den Propheten«: Verkünder der Gerechtigkeit

Die Juden sprechen in ihren Schriften von großen und kleinen Propheten. Die großen Propheten (Jesaja, Jeremia und Hesekiel) sind die, die über einen längeren Zeitraum in Israel wirkten und deren Botschaften in längeren Schriften aufgeschrieben wurden. Die kleinen Propheten werden in der jüdischen Schrift in einem einzigen »Die Kleinen Propheten« genannten Buch zusammengefasst. Später wurden daraus dann zwölf verschiedene Bücher gemacht und nach dem jeweiligen Propheten benannt. In unserem Alten Testament kam dann noch das Buch Daniel dazu, welches von den Juden den »Schriften« zugeordnet wird.

Wie an früherer Stelle erwähnt, zählen die Juden auch einige Bücher zu den Propheten, die wir »Geschichtsbücher« nennen würden. Wir nennen diese Bücher (zum Beispiel Josua, Richter, Samuel und Könige) so, weil sie vor allem von geschichtlichen Ereignissen berichten. Diese Bücher interpretieren und beurteilen jedoch auch die Geschichte. Sie zeigen, wie Gott sich offenbarte, wie er eingriff und wie er die Geschichte für seine Ziele benutzte. Es ist deshalb auch richtig, diese Bücher als »Prophetie« einzustufen.

Manche Bibelleser gehen davon aus, dass die prophetischen Bücher in erster Linie die Zukunft vorhersagen, entweder die damalige Zukunft (das heißt, sie beschrieben damals im Voraus den kommenden Messias) oder aus unserer Perspektive (das heißt, sie beschreiben die sogenannten endzeitlichen Ereignisse). Eine übertriebene Beschäftigung mit den prophetischen Hinweisen über unsere Zukunft wäre jedoch ein Missbrauch dieser Bücher. Douglas Stuart schreibt in dem oben zitierten Buch, dass weniger als zwei Prozent der alttestamentlichen Prophetie »messianisch« ist (also etwas über den versprochenen Retter voraussagt), dass weniger als fünf Prozent das kommende Zeitalter im Voraus beschreibt, und dass weniger als ein Prozent von Dingen handelt, die *noch* (das heißt, in *unserer* Zukunft) geschehen werden (Seite 204).

Die Propheten sprachen oft von der *unmittelbaren* Zukunft des damaligen Israels. Aber sie taten dies meist nicht, als hätten sie Insider-Informationen und könnten genau in die Zukunft sehen. Wir sollten uns diese Propheten nicht als Wahrsager vorstellen. Sie sprachen eher als Prediger, die den Bund Gottes mit Israel verstanden. Sie waren von Gott berufen worden, an seiner Stelle zu artikulieren, was die zu erwartenden Konsequenzen für Israels Treue oder auch Untreue sein würden. Sie gaben Warnungen und Verheißungen, die verdeutlichten, was geschehen würde, falls Israel auf dem falschen Weg weitermachen oder aber zu Gott zurückkehren würde.

Manche der prophetischen Äußerungen waren direkte Worte von Gott. Aber die Propheten verstanden sich vor allem als ethische, politische und religiöse »Kommentatoren«. Und doch waren sie Sprachrohre für das Wort Gottes: *Die Propheten sind vom Geist Gottes ergriffen worden und haben verkündet, was Gott ihnen aufgetragen hatte* (2. Petrus 1,21). Sie wussten, wie Gott in der Vergangenheit mit seinem Volk umgegangen war. Sie kannten die Anweisungen Gottes bei der Bundesschließung und konnten nun gewissermaßen »ausrechnen«, mit welchen Konsequenzen das damalige Israel, bedingt durch seine Treue oder Untreue, zu rechnen hatte. So waren sie »Verkünder der Gerechtigkeit« (siehe 2. Petrus 2,5).

Wir sollten uns Gott nicht in erster Linie als «Vorhersager der Zukunft« vorstellen. Dazu ein Beispiel: Stellen wir uns vor, ich, Gertrud, würde zu meinem Sohn sagen: »Wenn du fleißig und ohne zu meckern Klavier übst, bekommst du ein Eis.« Wenn er dann tatsächlich fleißig übt und tatsächlich ein Eis bekommt, würde er dann etwa erstaunt reagieren: »Mama, woher hast du das gewusst?« Natürlich nicht. Er würde höchstens sagen: »Danke, Mama, dass du dein Versprechen gehalten hast!« So sollen wir uns Gott vorstellen. Natürlich hat Gott die Fähigkeit, noch Ungeschehenes richtig vorauszusehen. Aber das ist nur ein Aspekt. Es geht vor allem um einen Gott, der seine Versprechen hält und auch bereit ist, seine Warnungen wahr zu machen, falls sein Volk ihm untreu bleibt. Gott ist mehr ein »Wahr*macher*« als ein »Wahr*sager*«.

Manche Leser, die versuchen, mit den prophetischen Büchern zurechtzukommen, stolpern darüber, wie schwierig es ist, überhaupt zu verstehen, um was es geht. Bei den Propheten ist es vielleicht noch mehr als sonst hilfreich, beim Bibellesen eine Studienbibel zur Hilfe zu nehmen. Hinweise über den geschichtlichen Zusammenhang eines prophetischen Wortes können uns helfen, die einzelnen prophetischen Botschaften zu verstehen. Es ist schon hilfreich, überhaupt zu wissen, wo eine bestimmte prophetische Äußerung beginnt und endet, denn die prophetischen Bücher sind in der Regel Sammlungen vieler solcher Reden.

Der wichtigste Auftrag der alttestamentlichen Propheten war, im Auftrag von Gott zum damaligen Volk Gottes zu reden. Und so reden sie auch zu uns heute. Sie erklärten, was Gott getan hatte, tat, und tun würde. Sie benutzten dazu Kriegsbotschaften, Rechtsstreitereien, Weherufe und Verheißungen. Das Ziel war immer, Israel zur Bundestreue mit Gott zurückzurufen. Israel sollte Gott und nicht menschlichen Strategien vertrauen. Sie sollten Gott von ganzem Herzen dienen und nicht leere Zeremonien ausüben. Sie sollten in ihren Beziehungen Gottes *Schalom* suchen und ihre Mitmenschen gerecht behandeln. Diese Prioritäten machte Gott im folgenden Text aus dem Propheten Amos besonders deutlich.

> *»Ich hasse eure Feste und kann eure Feiern nicht ausstehen. Eure Brandopfer und Speiseopfer sind mir zuwider; das gemästete Vieh, das ihr für das Opfermahl schlachtet, kann ich nicht mehr sehen. Hört auf mit dem Geplärr eurer Lieder! Euer Harfengeklimper ist mir lästig! Sorgt lieber dafür, dass jeder zu seinem Recht kommt! Recht und Gerechtigkeit sollen das Land erfüllen wie ein Strom, der nie austrocknet«* (Amos 5,21–24).

Dieses Prophetenwort stellt auch für uns ein klares Wort dar. Gott sprach und spricht immer noch durch die prophetischen Bücher zu seinem Volk, um ihnen und uns seinen Willen kundzutun, um seine Heiligkeit und Gnade zu offenbaren und um seine Ziele für Israel, für uns als Gemeinde von Jesus und darüber hinaus für die ganze Welt zu offenbaren.

»In den Psalmen«: Anbetung und Weisheit

Viele Bücher in den hebräischen Schriften wurden von den Juden einfach »die Schriften«, manchmal auch »die Psalmen« genannt. Wir nennen diese Bücher oft »Weisheitsliteratur«. Die meisten von ihnen stellen literarische Kunstwerke dar. Es gibt Gedicht- und Liedsammlungen (vor allem die Psalmen), ein Buch, das in seiner Form auf manche wie ein Theaterstück wirkt (Hiob), oder – wie die Namen schon andeuten – Sprüche, Predigten (Prediger), das Hohelied der Liebe und die Klagelieder. Zu diesen »Schriften« gehören auch Bücher, die wir heute eher Geschichtsbücher nennen (siehe oben). Sie berichten von geschichtlichen Ereignissen und heißen deshalb zu Recht »Geschichtsbücher«. Ihre Sprache ist jedoch kunstvoll, dramatisch und oft poetisch. Und so nannten die Juden diese Bücher ebenfalls zu Recht »Literatur« (oder Schriften). Dann wäre noch das Buch Daniel zu nennen. Ob dieses Buch »Prophetie« oder »Weisheitsliteratur« genannt werden sollte, darüber streiten sich die Gelehrten.

Im Mittelpunkt der »Schriften« (Weisheitsliteratur) stehen die Psalmen, das Liederbuch Israels. Dankespsalmen, Loblieder und Klagelieder gehörten alle zur Anbetung Israels. Der unendliche Reichtum der Psalmen zeigt sich in Sprachbildern, die unterschiedlichste Gefühle ausdrücken und uns in der Anbetung anleiten wollen. Wenn wir die Psalmen lesen, schauen wir, wie Martin Luther es sagte, »in das Herz aller Heiligen.« Dietrich Bonhoeffer erklärte, dass wir in den Psalmen, genauso wie in der Gegenwart von Jesus, Menschenworte zu Gott hören können und gleichzeitig auch Gottes Worte zu Menschen.

Wie und wann entstanden die Psalmen? Die frühesten entstanden zur Zeit von Mose bereits um 1450 vor Christus. Die letzten wurden über 1 000 Jahre später von einem uns unbekannten Dichter geschrieben. Viele stammen von David, dem musizierenden König Israels aus dem zehnten Jahrhundert vor Christus. Israel sammelte diese Lieder, damit auch zukünftige Generationen mitsingen und die Geschichte Israels zu ihrer eigenen machen konnten. Auch wir singen diese Lieder mit Recht als *unsere* Lieder.

Gleichzeitig mit diesen Liedern entstanden andere Werke. Das Buch Hiob stellt die großen Fragen: Ist das Leben fair? Warum lässt Gott Krankheiten und Katastrophen zu? Am Ende des Buches ergreift Gott selbst das Wort und tut Hiob kund: »Auch wenn die Komplexität des Weltalls deinen Verstand übersteigt, kannst du dennoch deutlich sehen: Die Welt ist geordnet, wunderschön und deshalb vertraueneinflößend. Du kannst mir also vertrauen!« (siehe John G. Stackhouse, *Can God Be Trusted? Faith and the Challenge of Evil,* Oxford University Press, New York/Oxford 1998, Seite 98).

Die Sprüche, von denen viele dem König Salomo zugeschrieben werden, geben »Volksweisheiten« weiter. Hier geht es nicht darum, unfehlbare Verheißungen zu suchen, sondern eben darum, »Weisheit« zu erlangen, indem wir richtig einschätzen, welcher Spruch in welcher Situation am besten passt. Die Bücher Prediger, das Hohelied der Liebe und die Klagelieder drücken viele menschliche Emotionen aus: Zweifel und Hoffnungslosigkeit, beflügelte Ausdrücke der Liebe und der Sexualität, Traurigkeit und Betrübnis.

Die Bücher, die wir Weisheitsliteratur nennen, stellen nicht nur menschliche Versuche dar, über große theologische und praktische Fragen nachzudenken. Gott spricht durch diese Bücher und bringt seine göttliche Weisheit zum Ausdruck, Weisheit, die er dann Jahrhunderte später in der Person seines Sohnes noch viel klarer sichtbar machte.

Welche Rolle spielen diese Schriften für uns heute? Die Psalmen werden in unseren Gottesdiensten regelmäßig gelesen oder gesungen und dort ist auch ihr rechtmäßiger Platz. Es ist natürlich in Ordnung, Psalmen ganz persönlich zu lesen, aber dafür waren sie eigentlich nicht gedacht. Sie sprechen dann am klarsten, wenn *wir*, die *Gemeinschaft* der Gläubigen, sie als unseren gemeinsamen Ausdruck der Anbetung verwenden. Auch in Psalmen, in denen ein einzelner Mensch zu Gott zu sprechen scheint, spricht der Autor meistens stellvertretend *für die Gemeinschaft*.

Ein ausschließlich wortwörtlicher Umgang mit der Bibel kann problematisch werden. Manche verstehen auch einzelne Sprüche als garantierte Zusagen Gottes. Dass diese nicht immer als solche aufgefasst werden sollen, wird deutlich, wenn wir Verse nebeneinanderstellen, die eine Paradoxie darstellen: In Sprüche 26,4 heißt es: *Gib dem Dummen keine Antwort, die sich auf die Ebene seiner Dummheit begibt, damit die Leute dich nicht selbst für dumm halten!* Und im nächsten Vers lesen wir: *Gib dem Dummen eine Antwort, wie seine Dummheit sie verdient, damit er sich nicht selbst für klug hält!* Sollen wir dumme Fragen nun beantworten oder nicht? Welcher dieser Sprüche stimmt nun? Natürlich beide – manchmal stimmt der erste und manchmal der zweite.

Weisheit erlangen wir, indem wir lernen, richtig einzuschätzen, welcher Spruch in einer bestimmten Situation zutrifft. *Wenn es aber unter euch welche gibt, die nicht wissen, was sie in einem bestimmten Fall tun müssen, sollen sie Gott um Weisheit bitten, und Gott wird sie ihnen geben* (Jakobus 1,5). Letzten Endes ist Weisheit ein Geschenk Gottes: *Den Menschen, an denen Gott Gefallen hat, gibt er Weisheit, Wissen und Freude* (Prediger 2,26). Nur wer weise ist, weiß, welcher Weisheitsspruch in einer bestimmten Situation angewendet werden sollte.

Das Hohelied der Liebe ist vor allem ein Liebeslied, das auch deutliche sexuelle Beschreibungen der Geliebten enthält. Die damaligen Juden hatten weniger Hemmungen, darüber zu sprechen, als viele Christen später im Verlauf der Kirchengeschichte. Es wird oft behauptet, es ginge in diesem Buch um die Beziehung zwischen Gott und Israel (oder aber zwischen Jesus und seiner Gemeinde). Doch auch diese symbolischen Interpretationen sind nur dann möglich, wenn wir eine Liebesbeziehung als etwas verstehen, was als Gottes gutes Geschenk gefeiert und genossen werden kann.

Es geht über den Rahmen dieses Buches hinaus, alle »Schriften« des Alten Testaments einzeln zu erörtern. Interessant ist aber, dass der auferstandene Jesus zu seinen Jüngern sagte: *»Alles, was im Gesetz, in den Schriften der Propheten und in den Psalmen über mich steht, muss in Erfüllung gehen«* (Lukas 24,44). Auch die Schriften, inklusive der Psalmen, finden in Jesus ihre Erfüllung. Das bedeutet nicht, dass zum Beispiel die Psalmen so viele Weissagungen über den kommenden Jesus enthalten würden (das tun sie auch), sondern eher, dass Jesus uns gleichzeitig zeigt, wie ein »treuer Israelit« Gott anbetet und wie der »treue Gott« immer zu seinem Volk steht. Wie Jesus sowohl Mensch als auch Gott war/ist, so sind die Psalmen sowohl Gottes Wort an uns als auch unsere Worte der Anbetung Gottes. Wie Jesus selbst geben uns die Psalmen ein Beispiel dafür, wie die Beziehung zwischen Gott und seinem Volk aussehen soll.

Das Alte Testament enthält viele Schätze, die darauf warten, von Suchenden gehoben zu werden. Der größte Schatz ist das herrliche Bild, das sich zwischen dem ersten und dem letzten Buch des Alten Testaments allmählich entfaltet: Es ist das Bild einer Schöpfung und eines Volkes, die beide unter dem Schutz, der Fürsorge und der Leitung eines treuen und gnädigen Gottes stehen. Diese Geschichte ist noch nicht zu Ende, denn Gott ist immer noch am Werk!

»Du, Herr, bist ja bei mir«

Wir möchten dieses Kapitel mit dem meistbekannten Psalm abschließen, der sehr gut zusammenfasst, worum es im Alten Testament geht. Er spricht über Gott und zu Gott. Er berücksichtigt, dass Gott der Geber aller guten Dinge ist, aber auch, dass sogar treue Nachfolger durch schwere Zeiten gehen müssen – wenn auch nie ohne Gottes Begleitung.

Der Gott des Alten Testaments ist Schöpfer und König, Vater und Freund … und hier in diesem Psalm Hirte und Gastgeber:

Psalm 23

Ein Lied Davids. Der Herr ist mein Hirt; darum leide ich keine Not. Er bringt mich auf saftige Weiden, lässt mich ruhen am frischen Wasser und gibt mir neue Kraft. Auf sicheren Wegen leitet er mich, dafür bürgt er mit seinem Namen.

David, der Dichter, wusste, wovon er sprach. Er selbst war in seiner Jugendzeit Schafhirte und als Erwachsener in seiner Rolle als König Hirte gewesen. Aber er wusste, dass nur Gott selbst wirklich eine ganze Herde – die Menschheit und vor allem Israel – versorgen, erneuern und führen konnte.

Und muss ich auch durchs finstere Tal – ich fürchte kein Unheil! Du, Herr, bist ja bei mir; du schützt mich und du führst mich, das macht mir Mut.

Auch das gehört zum Leben, zum Leben eines Menschen, einer Schafherde, eines ganzen Volkes. Gott hat nie versprochen, dass das Leben ein Zuckerschlecken sein würde, vor allem nicht seit dem Sündenfall. Aber er versprach, uns nie alleine zu lassen und auch durch dunkle Täler mit uns zu gehen.

Dann ändert der Psalmdichter das Bild. Jetzt ist Gott ein Gastgeber, der einen Ehrengast bewirtet.

Vor den Augen meiner Feinde deckst du mir deinen Tisch; festlich nimmst du mich bei dir auf und füllst mir den Becher randvoll. Deine Güte und Liebe umgeben mich an jedem neuen Tag; in deinem Haus darf ich nun bleiben mein Leben lang.

Was für ein Vorrecht, von Gott auserwählt zu werden, um mit ihm zu dinieren. Nie will ich aus seinem Haus gehen – das sagte David zumindest. Dieser letzte Satz vereint Hoffnung und Verheißung. Eines Tages wird Gottes Gegenwart so greifbar sein, dass jeder Ort »Haus des Herrn« sein wird.

Das Alte Testament endet, ohne dass alle Verheißungen Realität geworden sind. Aber bald wird Gott dieses Drama »von der Schöpfung bis zum Ende der Zeiten« in der Person seines Sohnes Jesus

Christus weiterführen. Das ist dann die herrliche Geschichte des *Neuen* Testaments.

Weiterführende Fragen

1. Die Bibel der damaligen Juden war dreiteilig, nichts davon wurde »Geschichtsbücher« genannt. Welche Auswirkungen hat dies darauf, wie wir die Bücher, die wir oft Geschichtsbücher nennen, betrachten sollten?
2. Die Hauptrolle der Propheten war nicht, Dinge vorherzusagen, sondern Israel zur Bundestreue mit Gott zurückzurufen. Wie geschieht das heute?
3. »Das Alte Testament enthält viele Schätze, die darauf warten, von Suchenden gehoben zu werden. Der größte Schatz ist das herrliche Bild, das sich zwischen dem ersten und dem letzten Buch des Alten Testaments allmählich entfaltet: Es ist das Bild einer Schöpfung und eines Volkes, die beide unter dem Schutz, der Fürsorge und der Leitung eines treuen und gnädigen Gottes stehen. Diese Geschichte ist noch nicht zu Ende, denn Gott ist immer noch am Werk!« (Seite 145) Wie hat dieses Studium des Alten Testaments Sie ermutigt, die darin enthaltenen Schätze zu suchen?

Kapitel 11

Das Neue Testament – die Fortsetzung

Wie der Titel dieses Buches besagt, geht es uns vor allem darum, zu erklären, warum Christen auf das Alte Testament nicht verzichten können. Das war das Anliegen der ersten zehn Kapitel. In diesem letzten Kapitel wollen wir einige Auswirkungen auf das Lesen des Neuen Testaments aufzeigen.

Wenn Christen zur Bibel greifen, schlagen sie sie oft, fast reflexartig, gleich im letzten Viertel, im Neuen Testament, auf, als würde das Alte Testament gar nicht existieren. Sie lesen das Neue Testament als »ihre Bibel«. Mit dem Alten Testament wissen sie oft nur wenig anzufangen. Es wird allzu leicht für veraltet erklärt und höchstens gelesen, um ein paar Hintergrundinformationen über das Neue Testament zu gewinnen – oder um Verheißungen aus der täglichen Losung nachzuschlagen. Bestenfalls wird das Alte Testament für eine hilfreiche Vorbereitung für das Neue Testament gehalten, schlimmstenfalls ganz abgelehnt.

Tatsache ist aber, dass das Alte Testament die Bibel, das heißt die Heiligen Schriften, von Jesus, der Urgemeinde und den Aposteln war. Es gibt keinen Hinweis darauf, dass die Urgemeinde in den ersten Jahrzehnten ihrer Existenz überhaupt erwartete, dass noch andere Bücher zu ihrer Bibel hinzugefügt würden. Das Alte Testament war einfach ihre Heilige Schrift. Nach und nach wurden von Aposteln und anderen Leitern der Urgemeinde zusätzliche Schriften niedergeschrieben, gesammelt und dann letztendlich auch als »Teil der Bibel« bestätigt. Diese Bücher setzen die Geschichte fort, die das Alte Testament erzählt.

Damit sagen wir nicht, dass das Neue Testament nicht auch viel Neues anzubieten hätte. Im Gegenteil: Es heißt deswegen »Neues« Testament, weil Gott durch Jesus das zu Wege brachte, was die Propheten des Alten Testaments ersehnt hatten. Gott erneuerte sein Volk. Wie versprochen schrieb Gott sein Gesetz in die Herzen der Gläubigen (Jeremia 31,33). Wie erhofft, sandte Gott seinen Geist auf »alles Fleisch«, nicht nur auf geistliche Leiter, sondern auf alle Mitglieder des Volkes Gottes (Joel 3,1). Wie Gott es geplant hatte, wurde das Volk Gottes erweitert. Auch die Heiden, die zum Glauben kamen, konnten jetzt zum Volk Gottes gehören, ohne erst jüdisch werden zu müssen. Das alles war möglich, weil Gott selbst in der Person seines eingeborenen Sohnes Jesus, dem versprochenen Messias, erschienen war.

Das Neue Testament setzt das fort, was das Alte Testament berichtet, begonnen und versprochen hat. Das Neue ist die Fortsetzung des Alten. Beide zusammen bilden die Bibel, wie Gott sie für uns wollte. In diesem Kapitel nehmen wir einige wichtige Aspekte dieser Ergänzung der alttestamentlichen Geschichte durch das Neue Testament unter die Lupe.

Die Ergänzung der alttestamentlichen Heilsgeschichte

Das Neue Testament erklärt, dass der Tod und die Auferstehung von Jesus Christus die Vergebung unserer Sünden und die Versöhnung mit Gott für uns erwarben. Wie war es dann für diejenigen, die vorher lebten? Erfuhren sie keine Sündenvergebung? Doch, natürlich. Auch die Gläubigen des Alten Testaments erlebten Vergebung und Versöhnung mit Gott, selbst wenn Gottes Heilshandeln in Jesus erst später geschehen würde. Sie lebten mit Gott in einem Bund der Treue und vertrauten auf seine Vergebungsbereitschaft.

Im Alten Testament hatte Gott genau vorgeschrieben, wie Menschen durch das Opfersystem die Vergebung ihrer Sünden erlangen konnten. Wenn ihre Tiere in der Stiftshütte und im Tempel geschlachtet wurden, konnten sie damit die Vergebung Gottes und die Versöhnung mit ihm und mit der Glaubensgemeinschaft symbolisieren. Seit Jesus jedoch als das endgültige Sühneopfer für uns gestorben ist, dürfen wir die Vergebung einfach im Glauben annehmen, ohne diese symbolischen Handlungen durchführen zu müssen.

Durch das Neue Testament wissen wir, dass das alttestamentliche Opfersystem auf Jesus hinwies und Gott gewissermaßen »im Voraus« die Vergebung schenkte, die der Tod und die Auferstehung von Jesus erwerben würden. Im Alten Testament schauten die Menschen *nach vorne* auf den kommenden Retter, obwohl sie die Auswirkungen seiner Versöhnung bereits erleben konnten. Wir schauen darauf *zurück*, was Jesus am Kreuz vollbrachte. Gott hielt sein Versprechen, griff direkt in die Weltgeschichte ein und befreite seine Schöpfung von der Macht der Sünde und des Feindes.

Das Neue Testament erklärt deutlich, dass die Glaubenshelden des Alten Testaments in einer versöhnten Beziehung mit Gott lebten und starben. Dennoch erlebten sie nicht alles, was Gott ihnen und uns versprach. Der Schreiber des Briefes an die Hebräer drückte es so aus: *In solchem Vertrauen sind sie alle gestorben – Abraham, Isaak und Jakob. Sie haben zu Lebzeiten nicht bekommen, was Gott ihnen versprochen hatte. Doch sie sahen es aus der Ferne und freuten sich darauf. Sie bekannten sich offen dazu, dass sie Gäste und Fremde auf der Erde waren* (Hebräer 11,13).

Das Neue Testament setzt die Geschichte fort. Jetzt ist die Zeit der Erfüllung. Der versprochene Retter ist gekommen und hat das Heil für die Gläubigen der alttestamentlichen Zeit und für uns erworben. Durch den Heiligen Geist schrieb Gott das Gesetz in unsere Herzen. Das Reich Gottes wurde gegründet und das Gottesvolk wurde von einem nur ethnischen Volk zum Leib von Christus erweitert, der aus Vertretern aller Volksgruppen besteht.

Die Ergänzung des alttestamentlichen Gottesvolkes

Um Kapitel 6 nicht vollständig zu wiederholen, fassen wir hier nur kurz zusammen. Im Alten Testament hatte Gott ein neues Volk entstehen lassen und dieses Volk durch gute und schlechte Zeiten versorgt, beschützt und geführt. Es war ein ethnisches Volk und wurde zu einer politischen Größe (einem Staat). Aber Gott wollte mehr als das. Er wollte ein *Glaubensvolk*. Und so hat Gott einen Bund mit Israel geschlossen. Israel sollte Gottes Heil erfahren und Gottes Absichten für die ganze Menschheit vor der Welt vorleben. Andere Völker sollten sehen, staunen und angezogen werden. Israel war oft nicht besonders treu, nicht besonders vorbildlich, nicht besonders anziehend für Außenstehende. Gott war derjenige, der seinem Bund immer treu blieb und versprach, Israel eines Tages zu erneuern, damit es seinen Auftrag würde erfüllen können.

Das Neue Testament setzt die Geschichte des Alten Testaments fort. Durch Johannes den Täufer und dann vor allem durch Jesus erschallte der Ruf an alle: *»Es ist so weit: Jetzt wird Gott seine Herrschaft aufrichten und sein Werk vollenden. Ändert euer Leben und glaubt dieser guten Nachricht!«* (Markus 1,15). Die Nachfolger von Jesus stellten das erneuerte Gottesvolk dar. Zuerst durch Jesus und dann durch seine Nachfolger erging die Botschaft, zuerst an die Juden und dann später direkt an die Heiden. In gewisser Weise wurde das Glaubensvolk Israel gespalten. Die, die an Jesus glauben, Juden und Nicht-Juden, bilden jetzt als Leib von Christus die Fortsetzung des alttestamentlichen Gottesvolkes. Die, die nicht an Jesus glauben, gehören nicht zur Gemeinde. Was Gott mit ihnen tun wird, sollten wir Gott überlassen. Was Gott jedoch mit seiner Gemeinde tun möchte, erklärt das Neue Testament deutlich. Sie übernimmt den Auftrag des alttestamentlichen Gottesvolkes, ein Licht auf dem Berg zu sein, damit andere das Licht sehen und zu Gott gezogen werden ... aus allen Völkern!

Die Ergänzung des alttestamentlichen Missionsauftrages

Schon im Alten Testament war klar, dass auch andere Völker den Gott Israels kennenlernen konnten und sollten, und zwar durch die Anziehungskraft des Glaubensvolkes Israel. Gelegentlich lesen wir Einzelgeschichten, wo dies tatsächlich geschah – die Geschichten von Rut, von Rahab, von Naaman und von Belsazar. Die Hoffnung der Propheten war, dass eines Tages die Völker in einer unaufhörlichen Wallfahrt hinauf nach Jerusalem strömen würden.

> *Es kommt eine Zeit, da wird der Berg, auf dem der Tempel des* HERRN *steht, unerschütterlich fest stehen und alle anderen Berge überragen. Alle Völker strömen zu ihm hin. Überall werden die Leute sagen: »Kommt, wir gehen auf den Berg des* HERRN, *zu dem Haus, in dem der Gott Jakobs wohnt! Er soll uns lehren, was recht ist; was er sagt, wollen wir tun!« Denn vom Zionsberg in Jerusalem wird der Herr sein Wort ausgehen lassen*
> (Jesaja 2,2–3).

Gerhard Lohfink beschreibt es so: »Die Heiden werden, fasziniert von dem Heil, das in Israel sichtbar wird, ganz von selbst zum Gottesvolk hingetrieben« (*Wie hat Jesus Gemeinde gewollt?*, Seite 30).

Als Jesus kam, um Israel zu erneuern, war Israel geteilter Meinung, ob dieser Jesus tatsächlich derjenige war, der diese endzeitlichen Verheißungen erfüllen würde. Die, die Jesus als den versprochenen Retter und Messias anerkannten, schlossen sich der Jesusbewegung an. Die anderen lehnten Jesus ab. Über sie sagte Jesus einmal: *»Viele werden kommen, aus Ost und West, und zusammen mit Abraham, Isaak und Jakob in Gottes neuer Welt zu Tisch sitzen. Aber die Menschen, die bis jetzt das Anrecht darauf hatten, werden in die Dunkelheit hinausgestoßen«* (Matthäus 8,11–12).

Wie setzt das Neue Testament die alttestamentliche Geschichte fort? Jesus selbst sagte es so: *»Es ist so weit: Jetzt wird Gott seine Herrschaft aufrichten und sein Werk vollenden«* (Markus 1,15). Die Wartezeit war vorbei. Gott würde nicht länger darauf warten, dass das ganze Volk Israel sich bereit erklären würde, den Auftrag zu erfüllen, allen Völkern ein Segen zu sein. Jesus begann, die prophezeite endzeitliche »Wallfahrt der Heiden« mit einer treuen Minderheit einzuläuten. Er berief zwölf Jünger (auch Apostel genannt) als das symbolisch neu gegründete und ebenfalls aus zwölf Stämmen bestehende Gottesvolk und sagte, sie würden »die Stadt auf dem Berg« sein (Matthäus 5,14). Darüber hinaus beauftragte er sie: *»Darum geht nun zu allen Völkern der Welt und macht die Menschen zu meinen Jüngern und Jüngerinnen! Tauft sie im Namen des Vaters und des Sohnes und des Heiligen Geistes, und lehrt sie, alles zu befolgen, was ich euch aufgetragen habe«* (Matthäus 28,19–20).

Zwei große Änderungen kennzeichnen die Fortsetzung der Geschichte im Neuen Testament. Erstens, der Auftrag, der ganzen Welt Gottes Segen zu bringen, gilt nicht mehr ganz Israel, sondern dem Teil Israels, der bereit ist, Jesus als Herrn und Messias anzunehmen, und der von ihm den Auftrag erhalten hat, das treue missionarische Gottesvolk zu sein. Zweitens, der Auftrag, die Heiden zum Volk Gottes einzuladen, geschieht ab jetzt nicht mehr nur durch Anziehungskraft. Vorher lag die Initiative bei den Heiden, wenn sie zum Volk Gottes hinzukommen wollten. Ab jetzt sollen Nachfolger von Jesus in die ganze Welt gehen und Menschen aller Völker einladen, sich diesem treuen Gottesvolk anzuschließen.

Natürlich soll die Gemeinde von Jesus, wie wir dieses Glaubensvolk jetzt nennen, auch eine Anziehungskraft ausstrahlen. Das Neue Testament versteht die Gemeinde als neuen, an jedem Ort gegründeten Tempel. Gott wohnt nicht mehr in einem aus Steinen gebauten Tempel, sondern an jedem Ort, wo das Gottesvolk sich sammelt. Dort wird das Evangelium verkündigt und Menschen werden eingeladen, es anzunehmen und sich der Gemeinde am Ort anzuschließen. Die Gemeinde ist die »Stadt auf dem Berg«, deren strahlendes Licht in die Welt leuchtet und die Menschen einlädt, sich auf diesen Weg zu machen. »Dieser Weg ist zwar keine breite und bequeme Straße, auf der die Masse dahinzieht ... Aber es ist der Weg ins Leben. An seinem Anfang steht das Wunder des Reiches Gottes, und dieses Wunder trägt alles, was dann geschieht« (*Wie hat Jesus Gemeinde gewollt?*, Seite 207).

Die Ergänzung des alttestamentlichen Gottesverständnisses

Einmal sagte Jesus zu seinen Jüngern: *»Du kleine Herde, du brauchst keine Angst vor der Zukunft zu haben! Denn dir will der Vater sein Königreich schenken«* (Lukas 12,32; Hoffnung für alle). Welche Bilder für Gott werden in diesem Satz verwendet? Wenn wir eine kleine Herde sind, dann ist Gott der gute *Hirte*. Weil wir auch Kinder Gottes sind, wird Gott hier *Vater* genannt. Und weil wir jetzt zum Reich Gottes gehören, erkennen wir Gott als unseren *König* an. In diesem einen Satz verwendete Jesus drei der Haupttitel Gottes im Alten Testament. Jesus kam, um uns diesen Gott nahezubringen.

Im Neuen Testament übernimmt Jesus selbst oft genau die Rollen, die Gott (*Jahwe*) im Alten Testament innehatte. Er nennt sich »Ich bin« (das heißt *Jahwe*; siehe Johannes 8,58). Er ist der gute Hirte (Johannes 10,11) und heißt Immanuel (Gott mit uns, Matthäus 1,23). Jesus war mehr als ein Rabbi, mehr als ein Prophet, mehr sogar als der Messias, der versprochene Retter: In Jesus kam Gott selbst in Menschengestalt zu uns.

Es war nicht so, dass alle, die ihn kannten, all das sofort verstanden hätten. Mehrere Male, als Jesus versuchte, den Jüngern sein wahres Wesen zu erklären, begriffen sie nicht, was er vermitteln wollte. Dazu zwei Beispiele aus dem Markusevangelium.

Im Markus 4,35–41 begegnen wir zwölf verzweifelten Jüngern, die in einem Boot gegen einem Sturm kämpfen. Jesus schläft, was sie für unverschämt halten. Sie wecken ihn in panischer Angst. Aber warum? Wir stellen uns vor, sie erwarten von ihm ein Wunder – er soll den Sturm stillen. Aber das passt überhaupt nicht zum Text: Wenn sie geglaubt hätten, dass er das kann, dann wären sie nicht erstaunt gewesen, als er es tatsächlich tat. Aber warum wollten sie ihn dann wecken? Nur um am Takelwerk zu ziehen, beim Rudern zu helfen, mit Eimern Wasser auszuschöpfen? Nein, hier spielte sich etwas anderes ab. Sie kannten das Alte Testament besser als die meisten von uns. Sie erkannten, dass sie in einer ähnlichen Situation waren wie damals die Seefahrer, als jemand anders unten im Boot geschlafen hatte. Warum hatten die Seeleute damals den schlafenden Jona geweckt? Damit er zu seinem Gott beten sollte. Das war es, was die Jünger hier von Jesus erwarteten. Seine Wundertaten hatten sie davon überzeugt, dass Jesus einen besonderen Draht zu Gott haben musste. Wenn Jesus zu Gott schreien würde, dann würden sie sicherlich in diesem Sturm gerettet werden. Aber Jesus tat etwas, was noch eine Nummer größer war als das, was sie erwarteten – größer als das, was sie ihm zutrauten. Er stand nicht auf, um Gott im Gebet anzuflehen. Nein, er stand auf und spielte die Rolle des Gebetserhörers. Er tat, was nur Gott tun konnte (siehe Psalm 107,28–29). Er befahl dem See wie Jahwe damals dem Roten Meer. Kein Wunder, dass die Jünger so reagierten: *»Wer ist das nur, dass ihm sogar Wind und Wellen gehorchen!«* (Markus 4,41).

Ein zweites Beispiel aus Markus 6,45–52. Es handelt sich wieder um einen Sturm auf dem See, aber diesmal ist Jesus nicht im Boot. Er ist auf einem Berg. Er weiß zwar, dass die Jünger die ganze Nacht gegen den Wind kämpfen, aber er betet bis zum Morgen und kommt erst dann zu ihnen (übers Wasser laufend). Aber er kommt nicht, um in ihr Boot einzusteigen! Der Text ist eindeutig: *»Er wollte an ihnen vorübergehen«* (Vers 48; Rev. Elberfelder). Sie sind verblüfft, erkennen ihn nicht und verstehen erst recht nicht seine Absichten. Und so gibt er sich ihnen zu erkennen: »Ich bin es« (Vers 50; auf Griechisch eigentlich *»Ich bin«*). Dies alles scheint unverständlich, bis wir die Anspielung erkennen. Es geht um eine Wiederholung von 2. Mose 33,19. Dort ging Jahwe an Mose vorüber, sprach seinen Namen (*Jahwe: Ich bin*) in Moses Gegenwart aus, um ihm so zu vermitteln: Ich bin mit euch. Auch wenn ich abwesend zu sein scheine, ich weiß von eurer Not. Schaut genau zu und ihr werdet manchmal flüchtig erblicken können, wie ich »vorübergehe«. Hört genau hin und ihr werdet manchmal die leise Stimme sagen hören: »Ich bin; ich bin mit euch; ich bringe euch sicher ans Ziel.«

Das sind nur zwei Beispiele von vielen. Jesus ist wahrhaftig ein Mensch, aber er ist auch Gott. Als Mensch zeigt er uns, wie wir uns unserem Hirten, unserem Vater, unserem König nähern können. Als Gott vervollständigt er die Gottesbilder des Alten Testaments, indem er Gottes Wirken unter uns sichtbar macht, wenn er Stürme stillt, wenn er für uns betet oder wenn er vorübergeht und uns verspricht: »Ich bin mit euch«. Wer mit dem Alten Testament vertraut ist, kann das Neue besser verstehen und sehen, wie Jesus uns den Gott Israels nahebringt und näher offenbart, weil er selbst ein Mensch wie wir und gleichzeitig Gott selbst war und ist.

Noch einen letzten Punkt müssen wir kurz erwähnen. Jesus vervollständigt für uns auch das Bild Gottes als »Krieger«. Zur alttestamentlichen Zeit kämpfte Gott tatsächlich manchmal für und mit Israel, wenn sie ihre Waffen in die Hand nahmen und ihre Feinde besiegten. Aber durch Jesus begann etwas Neues. Gott selbst kam, um zu retten. Dazu gehörte auch, dass Jesus sich töten lassen musste. Die, die Jesus nachfolgen, sollen jetzt nicht mehr ihre Feinde hassen und töten. *Denn wir kämpfen nicht gegen Menschen. Wir kämpfen gegen unsichtbare Mächte und Gewalten, gegen die bösen Geister, die diese finstere Welt beherrschen. Darum greift zu den Waffen Gottes!* (Epheser 6,12–13). Der so gewonnene Sieg wird dann so beschrieben: *»Unser Gott hat gesiegt! Jetzt hat er seine Gewalt gezeigt und seine Herrschaft angetreten! ... Der Ankläger unserer Brüder und Schwestern ist gestürzt ... Unsere Brüder und Schwestern haben ihn besiegt durch das Blut des Lammes und durch ihr standhaftes Bekenntnis. Sie waren bereit, dafür ihr Leben zu opfern und den Tod auf sich zu nehmen«* (Offenbarung 12,10–12).

Der gleiche Gott, der im Alten Testament sein Volk wunderbar rettete und am Leben erhielt, der gewinnt den entscheidenden Sieg am Kreuz von Jesus durch Liebe und Treue und Selbstaufopferung für uns und indem er die irdischen Waffen niederlegt. Wir nehmen an diesem Sieg teil, indem wir, die wir Jesus nachfolgen, auch die irdischen Waffen niederlegen und bereit sind, uns selbst hinzugeben. Und das bringt uns zum letzten Thema.

Die Ergänzung der alttestamentlichen Hoffnung

Das Alte Testament endete im Ausblick in die Zukunft. Gott hatte Großes getan, aber die Erfüllung großer Verheißungen stand noch aus. Als Jesus kam, verkündete er, dass die Zeit der Erfüllung gekommen war. Mit ihm begann das Reich Gottes. Aber auch das Neue Testament endet mit einem Blick in die Zukunft. Es hat sich noch nicht alles erfüllt, was Gott im Alten Testament und Jesus und die Apostel im Neuen Testament versprochen haben. Das Reich Gottes hat zwar begonnen, ist aber noch nicht vollendet. Es ist »jetzt schon« und gleichzeitig »noch nicht«. Und so wie im Alten Testament treue glaubende Menschen in Israel auf den Tag warteten, an dem Gott endlich die ganze Weltgeschichte zu seinem Ziel bringen würde, so tun auch wir das heute. Das Alte Testament wird durch das Neue fortgesetzt. Und die Fortsetzung des Neuen

Testaments geschieht nicht durch neu hinzukommende Schriften, sondern indem wir die ganze Geschichte von 1. Mose bis Offenbarung zu unserer Geschichte machen, uns darin zu Hause fühlen und uns verpflichten, die Geschichte Gottes freudig in unseren Herzen, in unseren christlichen Gemeinschaften und in unserer Welt, der Welt Gottes, weiterzuschreiben.

Weiterführende Fragen

1. »Durch das Neue Testament wissen wir, dass das alttestamentliche Opfersystem auf Jesus hinwies und Gott gewissermaßen ›im Voraus‹ die Vergebung schenkte, die der Tod und die Auferstehung von Jesus erwerben würden« (Seite 150). Das ist ein Beispiel dafür, wie wir das Alte Testament aus der Sicht des Neuen Testaments lesen. Fallen Ihnen weitere Beispiele ein?
2. »Die, die nicht an Jesus glauben, gehören nicht zur Gemeinde. Was Gott mit ihnen tun wird, sollten wir Gott überlassen« (Seite 151). Wie stehen Sie zu dieser Aussage? Was meinen Sie: Wird Gott Menschen jüdischen Glaubens anders behandeln als andere?

Die Autoren

Gertrud A. Geddert, geboren 1957 in Deutschland, ist Lehrerin und studierte darüber hinaus Theologie (M. Div.) sowie Ehe- und Familienberatung (M. A.) am *MB Biblical Seminary* in Fresno, Kalifornien/USA. Zur Zeit arbeitet sie als Nachhilfelehrerin (*instructional assistant*) an einer Schule und auch als Übersetzerin.

Timothy J. Geddert, geboren 1952 in Saskatchewan, Kanada, ist Professor für Neues Testament am *MB Biblical Seminary* in Fresno und Gastdozent am Theologischen Seminar Bienenberg in Liestal/ Schweiz. Er studierte Philosophie (B. A.) in Saskatoon, Kanada, Theologie (M. Div.) in Fresno und Neues Testament (Ph. D.) in Aberdeen, Schottland.

Gedderts sind verheiratet und haben fünf Söhne, eine Tochter und eine Schwiegertochter. In ihrem Haus in Fresno/Kalifornien beherbergen sie gerne internationale Studierende und andere Gäste – zur Zeit leben in ihrem Haushalt insgesamt zehn Personen aus fünf Ländern.

Weitere Bücher zur Bibel

Kenneth E. Bailey

Der ganz andere Vater

Die biblische Geschichte vom verlorenen Sohn aus nahöstlicher Perspektive in Szene gesetzt

Aus dem Amerikanischen
von Gertrud Geddert
Paperback, 189 Seiten
ISBN 978-3-937896-23-6, Nr. 588.623

Viele Menschen tun sich schwer, Gottes bedingungslose Liebe anzunehmen. Bailey zeigt, wie Jesus in der Geschichte vom verlorenen Sohn auf atemberaubende Weise von der Vaterliebe Gottes erzählt: einer Liebe, die sich nach uns Menschen sehnt und selbst den höchsten Preis dafür bezahlt, um unsere Heimkehr ins Vaterhaus zu ermöglichen.

Rudolf Westerheide

Die Bibel

7 Gründe, warum ich sie lese

Paperback, 79 Seiten, zweifarbig
ISBN 978-3-937896-32-8, Nr. 588.632

»Die Bibel ist ein Millionen-Bestseller. Zugleich zeigen Umfragen, dass sie kaum gelesen wird. Dabei gibt es viele gute Gründe, die Bibel zu lesen. Vielleicht muss man sogar manchen Glaubenssatz über Bord werfen, um die Bibel wirklich zu verstehen ...« Rudolf Westerheide

NEUFELD VERLAG

n

www.neufeld-verlag.de
www.bibellesebund.net